AF451691

La Paix que voudrait l'Allemagne

PAR

André CHÉRADAME

LIBRAIRIE CHAPELOT

1915

La Paix
que voudrait l'Allemagne

OUVRAGES D'ANDRÉ CHÉRADAME

LIBRAIRIE PLON-NOURRIT et Cⁱᵉ, 8, rue Garancière, PARIS

L'Europe et la Question d'Autriche au seuil du XXᵉ siècle, 4ᵉ édition. Un volume in-8° avec 6 cartes en noir, 8 en couleurs et 4 fac-similés de documents.   10 fr.

L'Allemagne, la France et la Question d'Autriche, 3ᵉ édition. Un volume in-18 . . . . 3 fr. 50

La Question d'Orient, La Macédoine. Le Chemin de fer de Bagdad, 3ᵉ édition. Un volume in-16, avec 6 cartes en noir . . . . 4 fr.

La Colonisation et les Colonies Allemandes. Un volume in-8° avec 8 cartes en couleur de Dietrich Reimer, de Berlin. . . . . 12 fr.

Le Monde et la Guerre russo-japonaise, 2ᵉ édition. Un volume in-8° accompagné de 20 cartes. . . . . . 9 fr. (Couronné par l'Académie des sciences morales et politiques, prix Drouyn de Lhuys).

La Crise Française. Faits, causes, solutions. 4ᵉ édition. Un fort volume in-16. (Couronné par l'Académie des sciences morales et politiques, prix de Joest) .   3 fr. 50

Douze ans de propagande en faveur des peuples balkaniques. Un volume in-16. . . . . 3 fr. 50

La Paix que voudrait l'Allemagne

PAR

ANDRÉ CHÉRADAME

PARIS

LIBRAIRIE CHAPELOT

MARC IMHAUS ET RENÉ CHAPELOT, ÉDITEURS

30, Rue Dauphine, VIe — (Même Maison à NANCY)

1915

PRÉFACE

L'admirable courage et la tenacité dont font preuve les soldats et les peuples alliés a évidemment d'abord pour but de résister à l'agression allemande; ils sont inspirés aussi par la conviction qu'il est absolument nécessaire de terminer la guerre dans des conditions telles qu'on n'ait pas à la recommencer quelques années après la signature d'une paix précaire.

Les alliés veulent assurer la liberté des petits peuples, le respect des civilisations différentes, le calme des foyers et la sécurité durable du travail et des affaires. Il est donc d'un haut intérêt de savoir sur quelles bases le gouvernement de Berlin, dans son aberration « kolossale » persistante, envisage de son côté, encore maintenant, la conclusion de la paix.

Je me propose donc de réunir en quelques

pages documentées tous les éléments de jugement nécessaires pour que mes lecteurs puissent se convaincre :

Qu'encore aujourd'hui l'Allemagne espère réaliser le plan pangermaniste, tel qu'il a été établi il y a vingt ans;

Que l'exécution même partielle de ce plan créerait une situation intolérable pour l'Europe, en rendant inéluctable la continuation d'armements écrasants et une nouvelle guerre ;

Qu'en conséquence la destruction *absolument totale* du militarisme prussien est la condition indispensable de l'établissement d'une paix durable, aussi nécessaire aux neutres qu'aux alliés.

Paris, le 30 mars 1915.

INTRODUCTION

Les dirigeants de l'Allemagne sont déjà convaincus que si le conflit dure longtemps encore, la défaite totale du militarisme prussien est certaine. Or, ce désastre impliquerait la ruine définitive du plan pangermaniste, établi, comme on va le constater, il y a vingt ans, et pour la réalisation duquel ils ont engagé la guerre. Afin de conjurer cette catastrophe, ils savent qu'ils n'ont plus qu'une tactique à suivre. *Elle consiste, tout en tâchant de frapper des coups impressionnants et en déclarant vouloir continuer la lutte jusqu'au bout, à l'arrêter au plus tôt, pour traiter de la Paix sur la base des positions occupées présentement par les troupes allemandes* PARCE QUE CES POSITIONS CORRESPONDENT ENCORE MAINTENANT AUX PRÉTENTIONS PANGERMANISTES CAPITALES.

Depuis plusieurs mois déjà, tous les efforts

politiques de Berlin sont orientés vers ce résultat. Le 30 novembre 1914, l'héritier de Guillaume II a fait appeler à son grand quartier général en France, M. Karl von Wiegand, correspondant berlinois de l'*United Press of America*, et dans une interview lui a fait dire : « Le Kronprinz déclare que la guerre actuelle est stupide, déraisonnable ». Depuis lors, outre-Rhin, des voix aussi autorisées que variées développent le thème de « la paix honorable ».

Pour arriver à « la paix honorable » qu'il lui faut et qui, telle qu'il la comprend, comme on va voir, serait pour lui singulièrement avantageuse, le gouvernement de Berlin agit par tous les moyens.

Action de la Sozialdemokratie sur le socialisme universel.

Comme l'a fort bien démontré M. Edmond Laskine dans *Le Matin*, la *Sozialdemokratie* d'outre-Rhin, mise au service du militarisme prussien, a déterminé les partis socialistes italiens et roumains à faire campagne pour la neutralité absolue des gouvernements de Rome et de Bucarest. Elle a aussi influencé les socia-

listes des pays neutres, dont M. William Wal-
ling, socialiste américain, a décrit les tendances
dans l'*International Socialist Review* (janvier 1915). « Ils sont engagés dans un effort pour
une paix rapide... Tout pacifistes et antimilita-
ristes qu'ils soient, leur attitude est de nature à
laisser le militarisme en selle ». (Cité par *Le
Matin*, 5 février 1915).

Cette action infiniment dangereuse de la
Sozialdemokratie allemande est si pénétrante,
que par l'intermédiaire des socialistes des pays
neutres, elle a même trouvé le moyen d'agir sur
les socialistes des pays alliés. Ceux-ci, en effet,
n'ont pas hésité à tenir à Londres, le 14 février
1915, une étonnante conférence qui a voté des
résolutions tellement singulières que *Le Temps*
(16 février 1915), n'hésita pas à les apprécier
ainsi : « Il en est dans le nombre de si extraor-
dinaires qu'on voudrait pouvoir douter encore
de leur réalité, *tant elles vont droit à l'encontre
des intérêts de la défense nationale.* »

La médiation des neutres.

Berlin compte encore que la longueur déjà
grande de la guerre déterminera prochainement
les nations neutres à s'unir aux Etats-Unis pour

proposer leur médiation en vue de la paix, le Président Wilson ayant manifesté déjà, à plusieurs reprises, ses tendances à agir dans ce sens. Cette préoccupation apparaît très nettement dans la dernière phrase du texte officiel du memorandum concernant « les représailles contre les mesures prises par l'Angleterre » daté de Berlin, le 4 février 1915, qui s'achève ainsi : « ... il doit être de l'intérêt des puissances neutres de voir terminer le plus tôt possible cette guerre destructrice ».

Les tentatives de création d'un courant pacifiste en France.

Cette volonté ardente de mettre rapidement un terme à la lutte est encore décelée par les manœuvres faites par le service d'espionnage allemand pour tenter de créer en France un courant en faveur de la paix. La police française a dû saisir les tendancieuses et odieuses brochures répandues dans ce but et l'action allemande a été totalement démasquée lorsque le sous-officier français, René Tison, du 302e d'infanterie de réserve, prisonnier outre-Rhin, a été renvoyé en France en janvier 1915, — après avoir reçu les instructions du député socialiste allemand

Dr. Sudekum, devenu agent de Guillaume II, — avec la mission, en échange de sa liberté, de travailler chez nous à l'établissement d'un courant pacifiste.

La paix séparée avec la Russie.

Pour arriver à la fin des hostilités qu'il leur faut à tout prix, les Allemands ont même espéré décider la Russie à une paix séparée. Cette idée a germé dans l'entourage du Kronprinz, où l'on a cru possible, grâce aux influences allemandes qui subsistent encore en Russie, en dépit des hostilités, de persuader Pétrograd que le danger pour l'avenir était l'Angleterre et qu'il fallait se retourner contre elle. Parmi ces influences favorables à l'Allemagne existant en Russie, on a cru à Berlin pouvoir compter sur celle du comte de Witte, ancien premier ministre du Tsar. Le conseiller Dr. Eugène Schwiedland a consacré en décembre 1914, dans le *Neue Freie Presse*, un article qui constituait un appel pressant adressé dans ce sens au comte de Witte, qu'il qualifiait : « L'homme d'état le mieux doué de la Russie ». Et le Dr. Schwiedland concluait : « Serge Juliévitch, comte de Witte, est un patriote clairvoyant qui ne se laissera pas persuader que la Russie aurait quelque intérêt à considérer comme désirable l'annihilation des deux empires de l'Europe centrale ». (Cité par l'*Indépendance Roumaine*, 6/19 janvier 1915). Or *Le Temps* du 15 février 1915, nous a appris : « Le comte polonais russe Korwin Milewski, ami du comte de Witte, vient de faire paraître à Vienne une brochure intitulée : « La paix séparée avec la Russie ».

Les manœuvres contre de nouvelles interventions.

Pour obtenir « sa paix », il faut enfin que l'Allemagne écarte toutes les interventions susceptibles de prolonger la guerre ou de contribuer par sa défaite totale à l'échec de ses plans territoriaux.

Elle s'est donc ingéniée à empêcher la Roumanie et l'Italie d'entrer en ligne. Nous verrons plus loin par quels moyens.

Pour comprendre « la paix honorable » que veut actuellement l'Allemagne, il est indispensable de connaître exactement ce qu'est le Pangermanisme et quelles sont encore ses prétentions inouïes.

CHAPITRE I

ORIGINES ET ÉVOLUTION
DU PANGERMANISME

I. Fondement prussien du Pangermanisme. — II. Bismarck et la doctrine pangermaniste. — III. L'idée pangermaniste devient dangereuse à partir de 1890. — IV. L'organisation pangermaniste et l'*Alldeutscher Verband*. — V. Guillaume II a été l'instigateur du mouvement pangermaniste.

I

Fondement prussien du Pangermanisme.

L'idée de réunir dans un seul Etat tous les Germains du continent, hante depuis longtemps les rêveurs d'outre-Rhin ; mais ce ne fut jamais un rêve sentimental.

En effet, les plus lointaines manifestations de l'idée pangermaniste, belliqueuses ou conquérantes, décèlent son origine prussienne et le font apparaître simplement comme un moyen commode de dissimuler les entreprises de la politique berlinoise. Le principal inspirateur des écrivains pangermanistes est un prussien, Paul de Lagarde, *né à Berlin* le 2 décembre 1827. Il succéda en 1869 au professeur Ewald dans sa chaire des langues sémitiques à l'Université de Göttingen. Paul de Lagarde, ne se contenta pas d'être un orientaliste éminent et un théologien faisant autorité, il se passionna aussi pour la politique générale. Il publia donc sur l'avenir de l'Allemagne des études qui eurent un vif succès. Ces études ont été réunies dans un volume de 420 pages sous le titre de *Deutsche Schriften*. La troisième édition a paru en 1892 chez Dieterich à Göttingen. C'est dans ces études, comme nous le constaterons plus loin, que les propagateurs du pangermanisme, — Particulièrement actifs depuis vingt ans, — ont puisé la plupart de leurs conceptions.

En raison même de son origine prussienne, *le Pangermanisme ne vise pas seulement les pays où vivent des Germains, mais les régions dont la possession est utile à la puissance de la Prusse et des Hohenzollern.* Ainsi, depuis longtemps l'Autriche, où les Allemands ne sont qu'une minorité, est l'objet des convoitises pangerma-

nistes. Dès 1859, *la Gazette d'Ausbourg* en
donna la raison avec la plus grande netteté :
« Nous maintenons que les possessions autrichiennes qui ne font pas partie de la Confédération allemande, ont pour l'Allemagne exactement la même importance que toute autre partie
de la Confédération. La défense de ces possessions est donc commandée par l'intérêt même
de l'Allemagne; elle est pour celle-ci un droit et
un devoir. En voici les motifs. D'abord, les parties de l'empire qui ne peuvent ni créer ni conserver une civilisation supérieure font partie du
domaine de la civilisation germanique; *ensuite,*
l'union intime avec ces territoires est particuliè-
rement avantageuse aux intérêts matériels de
la Confédération; enfin, la possession de ces
provinces peut seule permettre de représenter
d'une manière qui convient à une grande puis-
sance, avec assurance et succès, les intérêts alle-
mands dans les grandes complications qui se
présenteront inévitablement.

« *Nous déclarons hautement que si ce n'était*
pas un membre de la Confédération, si ce n'était
pas l'Autriche qui fût le légitime possesseur de
ces pays non Allemands, la nation allemande
devrait en faire la conquête à tout prix, parce
qu'ils sont absolument nécessaires pour son déve-

loppement et sa position de grande puissance. »

Une déclaration aussi catégorique établit que l'identité de langue et de race, généralement donnée comme la raison d'être du Pangermanisme, n'est qu'un simple prétexte ; les avantages militaires, politiques ou économiques sont ses seuls éléments constitutifs. C'est en vertu de cette théorie de la conquête, pour cause d'utilité, que la Prusse a fait reconnaître « par le Parlement de Francfort, comme territoires allemands, ses provinces orientales, qui en réalité sont slaves (1) » ; que plus tard, dans l'affaire des duchés, après avoir invoqué le principe des nationalités, elle s'est emparée de « la partie septentrionale et purement scandinave du Sleswig » (2), et qu'en 1844 le futur maréchal de Moltke trouvait naturel d'écrire : « Nous espérons que l'Autriche (3) maintiendra les droits et sauvegardera l'avenir des pays du Danube et que l'Allemagne parviendra finalement à libérer l'embouchure de ses grands fleuves » (4).

(1) V. Debidour. *Histoire diplomatique de l'Europe*, t. II, p. 67. Alcan. Paris, 1891.
(2) V. *Op. cit.*, p. 273.
(3) A cette époque l'expression « Autriche » désignait toute l'Autriche-Hongrie actuelle.
(4) V. von Moltke. *Schriften*, t. II, p. 313.

II

Bismarck et la doctrine pangermaniste.

Mais, si de nombreux Allemands, même avant 1870, ont préconisé les idées pangermanistes, il faut noter que Bismarck ne les encouragea jamais. Auteur du *Kulturkampf*, c'est-à-dire de la lutte contre les catholiques allemands, il voyait un danger dans l'absorption des catholiques allemands d'Autriche et, soucieux avant tout de consolider l'empire qu'il avait fondé, Bismarck voulait éviter les graves complications qu'il savait devoir être fatalement la conséquence de toute tentative d'extension de l'Allemagne, aux dépens de l'empire de François-Joseph. Ces considérations dictèrent la conduite du prince de Bismarck à l'égard des tendances pangermanistes.

Même après sa chute du pouvoir, il ne cessa de les décourager. A la fin de 1897, *l'Alldeutscher Verband* (L'Union pangermaniste), association dont j'exposerai plus loin le rôle (voir page 23), organisa des manifestations anti-autrichiennes sur le sol de l'empire allemand, Bismarck aussitôt fit déclarer par *Les Nouvelles de Hambourg* (3 juillet 1897), son organe favori : « A Leipzig, *l'Alldeutscher Verband* a manqué des égards toujours dus aux Etats voisins. Les orateurs autrichiens venus sur le territoire de l'empire ont oublié leur devoir de sujets des Habsbourg. Leur langage ne saurait se qualifier... Il est fâcheux de penser que les Allemands d'Autriche se soient oubliés jusqu'à réclamer l'intervention de l'empire allemand dans leurs affaires intérieures. Ils eussent mieux fait de se rappeler les paroles adressées par le prince de Bismarck, le 15 avril 1895, a une députation d'Allemands autrichiens : « Pour prouver efficacement vos sentiments à l'empereur allemand, remplissez tous vos devoirs envers votre propre dynastie. Je vous conseille la condescendance et l'indulgence pour vos voisins slaves ».

Assurément, le Chancelier de fer ne se prononçait qu'à regret dans ce sens négatif. Incarnation de l'esprit prussien, il eut voulu, comme von Moltke, l'extension indéfinie vers le sud. Il en a même toujours ménagé les possibilités, mais la crainte d'englober une trop grande masse de Slaves et de catholiques l'arrêtait. « Je certifie, disait-il, à un envoyé du *Daily Telegraph*, que si demain on m'offrait la Haute et la Basse

Autriche, je les refuserais. Elles sont trop loin. Si Prague (capitale de la Bohême habitée par des Tchèques, donc par des Slaves), pouvait changer de place avec Vienne, je ne dirais pas non ». (V. *Deustche Zeitung*, 6 août 1898).

Bismarck garda jusqu'à la mort cette réserve voulue à l'égard du Pangermanisme, mais dans ses dernières années, il put constater combien ses conseils étaient méprisés par le jeune empereur qui venait de le chasser du pouvoir.

III

L'idée pangermaniste devient dangereuse
à partir de 1890.

Guillaume II est devenu empereur allemand le 15 juin 1888. Au mois de mars 1890, il renvoya le prince de Bismarck, le véritable fondateur de l'Empire.

Or, c'est *seulement après la chute du Chancelier de fer* que les théories pangermanistes jusqu'alors vagues et nébuleuses commencèrent, en se précisant, à revêtir un caractère inquiétant.

A sa chute du pouvoir, le prince de Bismarck laissa l'Allemagne dans un état de prospérit générale. L'ardeur fiévreuse avec laquelle le jeune empereur Guillaume saisit les rênes du gouvernement fit naître de nouvelles espérances d'extension. Ses succès semblèrent les justifier. Grisés par les triomphes de l'expansion économique et coloniale, succédant à ceux des champs de bataille, les Allemands perdirent toute modération et l'exaltation de leur suprématie, sous toutes les formes, devint le thème courant de leurs écrivains.

« Nous sommes, dit l'un d'eux, les meilleurs colons, les meilleurs matelots et même les meilleurs marchands... Nous sommes le peuple le plus intelligent, le plus élevé dans les sciences et dans les arts... Nous sommes, sans aucun doute, le peuple le plus guerrier de la terre » (1).

Bientôt la fondation de l'empire allemand apparut comme le commencement et non comme la fin du développement national (2). On admit avec Paul de Lagarde que 1871, de même que Sadowa, étaient de simples épisodes historiques (3).

Sans doute, jusqu'alors, les Hohenzollern

(1) V. F. Bley. *Die Weltstellung des Deutschtums*, p. 21, Lehmann, Munich, 1897.
(2) V. *Op. cit. idem*.
(3) V. Paul de Lagarde, *Deutsche Schriften*, p. 113. Dieterich Göttingen, 1892.

avaient accompli une tâche immense, mais il leur restait encore beaucoup plus à faire. On conclut : il faut maintenant continuer l'œuvre de Guillaume Ier (1). Des ambitions nouvelles et impérieuses s'emparèrent donc des Allemands.

En 1892, une curieuse brochure, intitulée : Un Empire allemand universel (*Ein Deutsches Weltreich*. Lustenöder, Berlin, 1892), commença à les préciser. Trois mystérieuses étoiles tenaient lieu de signature à ces pages qui, relues aujourd'hui, semblent avoir été prophétiques. Elles établissent combien les idées pangermanistes étaient encore imprécises dans le public allemand, il y a vingt-trois ans et permettent ainsi de mieux apprécier la rapidité relative et la puissance de leur développement.

« Avant 1870, disait l'auteur anonyme, un but sublime s'offrait à nous : refaire l'empire allemand. Aujourd'hui nous sommes divisés sur l'orientation à prendre. Les uns se contentent de conserver honorablement les biens acquis, les autres veulent le développement avec toutes ses conséquences, de la puissance allemande. C'est ce but qu'il faut atteindre. Le groupement en un même faisceau politique de tous les

(1) V. G. Waldersee. *Was Deutschland braucht*, p. 15, Thormann, Berlin, 1895.

membres d'un peuple a toujours constitué l'objet des efforts d'une nation vivace. Inspirons-nous donc des paroles du poète Arndt : « Toute terre où résonne la langue allemande est allemande », et travaillons à l'union de toutes les tribus germaniques. Elle nous procurera l'accroissement de puissance rêvé. Tant que nos efforts pour l'obtenir seront exercés dans de justes limites, le gouvernement ne doit pas les combattre. Mettons-nous à l'œuvre dès maintenant; éveillons dans tous les pays germains du continent le sentiment de la communauté d'origine et le désir d'unité. Sans doute, cette politique peut soulever plus tard de violentes oppositions, même un conflit général; mais

« puisse cette conflagration universelle ne pas se produire trop tôt afin que nous ayons pu exécuter notre travail de préparation à l'unité pangermaniste ».

« Möge dieser Weltenkampf nicht zu frühe kommen, damit wir unsere Vorarbeit alldeutscher Einigkeit verrichtet haben ».

(V. *op. cit.*, p. 10).

« Peut-être, d'ailleurs, sera-t-il possible d'éviter les solutions violentes : le type fédéral de l'empire allemand se prête facilement à l'incorporation d'Etats soucieux de conserver leur liberté intérieure, et le Pangermanisme sera déjà une réalité, si l'union existe dans les relations extérieures des Etats confédérés. Soyons donc prévoyants. La diplomatie nous aidera en disposant favorablement l'échiquier européen...

« N'ayons point d'idées préconçues sur la manière définitive de réaliser le Pangermanisme. Nous en sommes encore à la période des conjectures. *Notre tâche actuelle* (1892) *consiste à présenter comme but suprême à tous les Germains, sans distinguer s'ils sont hauts ou bas Allemands, la création d'une Confédération germanique semblable à celle des anciens jours.* »

IV

L'organisation pangermaniste et l'Alldeutscher Verband.

En même temps que les brochures analogues se multipliaient, des associations pangermanistes se fondaient. *L'Allgemeiner deutscher Verband* ou *Union générale allemande* qui avait été créée en 1886, par le Dr Peters, pour incliner les Allemands vers l'expansion coloniale, se transforma et devint purement pangermaniste quand elle passa, en 1895, sous la présidence du Dr Hasse, député de Leipzig au Reichstag et prit peu après pour titre : *Alldeutscher Verband* ou *Union pangermaniste*.

Depuis lors, cette association à laquelle adhérèrent de très nombreuses et très influentes personnalités allemandes a pris une grande extension et est devenue la plus puissante de toutes les sociétés pangermanistes.

En 1895, l'*Union pangermaniste* comptait 7.700 adhérents. Les ambitions ambiantes nouvelles et l'activité du Dr Hasse, énergiquement secondé par son comité, qui, en dehors de personnalités importantes, comprenait une foule de professeurs, d'industriels et de commerçants, portèrent ce nombre à 21.500 en 1900.

Depuis, ce chiffre n'a fait que croître et l'*Alldeutscher Verband* a joué un rôle considérable sur l'orientation politique de l'Allemagne, en déchaînant par son action méthodique de publications et de conférences, le courant pangermaniste dont finalement la puissance, avant la guerre, était devenue irrésistible outre-Rhin.

Dans sa forme définitive, l'*Union pangermaniste* a eu pour but, à partir de 1895, d'affirmer la conscience du peuple allemand (*das Gewissen des deutschen Volkes*) et de poursuivre, à l'intérieur comme à l'extérieur des frontières, l'union de toutes les tribus allemandes (*die Gemeinschaft aller deutschen Stämme*).

L'action de la Société s'est étendue aux 80 millions d'Allemands qu'elle trouvait dans le monde, quel que soit l'état auquel ils appartenaient (1). Ainsi, c'est l'*Alldeutscher Verband* qui a « organisé » les Germano-Américains des Etats-Unis au point que ceux-ci font passer leurs sentiments allemands avant leurs devoirs de citoyens américains, comme le prouvent actuellement leurs pressions sur le président Wilson, pour l'amener à sortir de la neutralité.

Les paroles du grand électeur : « Souviens-toi que tu es allemand » (*Gedenke, dass du ein Deutscher bist*) résumaient ce programme. Pour le remplir, l'Union a employé des moyens très divers. Dans l'empire, elle a surveillé sans relâche les Alsaciens-Lorrains, les Danois et les Polonais; elle a signalé au gouvernement leurs moindres tentatives pour secouer le joug et a réclamé leur répression par des mesures draconiennes; elle a agi sur la politique exté-

(1) Milglied des *Alldeulschen Verbandes* kann jeder unbescholtene Deutsche werden, ohne Rüksicht anf seine Staalsangehörigkeit (*Alldeutsches Werbe-und Merk-Buchlein*), V. p. 5. Lehmann, Munich, 1900).

rieure en dirigeant les poussées de l'opinion par des publications habilement répandues. Depuis 1894, les *Alldeutsche Blätter* ou « Feuilles pangermanistes » ont été chaque semaine l'organe officiel du *Verband*. En outre, des brochures paraissant sous le titre *Der Kampf um das Deutschtum* (La lutte pour le Germanisme), ont envisagé chacune, selon l'actualité, une question relative au Pangermanisme. De fréquentes réunions des groupes locaux du *Verband* ont assuré la cohésion des adhérents de l'Union. Les groupes ont envoyé des délégués aux assemblées générales du *Verband*, qui prirent bientôt une véritable importance. Au Reichstag, l'Union comptait un nombre notable de députés qui intervenaient chaque fois qu'une question touchant à son programme venait en discussion. Enfin, une correspondance très active échangée avec les Allemands de tous les points du globe, tenait le comité central de Berlin, au courant de ce qui intéressait le Germanisme dans le monde.

Cette puissante organisation a obtenu, dès ses premières années d'efforts, des résultats considérables. L'Union a protégé efficacement les intérêts des Allemands résidant à l'étranger. Elle a fait relever les subventions des écoles allemandes d'outre-mer. Des lois, notamment celle de 1897 sur l'émigration et celle de 1898 sur l'acquisition ou la perte de la nationalité allemande, sont dues à son initiative. Son action sur l'expansion coloniale a été réelle. L'acquisition de Kiao-Tchéou est en partie son œuvre. Le 9 octobre 1895, peu après le traité de Schimonoséki, l'Union adressait au chancelier de l'empire une requête où elle demandait instamment l'établissement d'une station navale en Extrême-Orient. Elle a mené ensuite une campagne ardente, jusqu'au jour où le gouvernement de Berlin, profitant du massacre de ses missionnaires, a pris pied effectivement en Chine. Ce ne sont là que des exemples, car on a pu constater l'action et l'influence de *l'Alldeutscher Verband* sur l'évolution de tous les grands problèmes politiques de l'Allemagne, notamment dans les questions d'accroissement de l'armée et de la marine.

V

Guillaume II a été l'instigateur du mouvement pangermaniste.

Guillaume II a passé très longtemps pour un souverain pacifique. Beaucoup ont cru à la sincérité de son attitude. Ils ont été dupes, car en réalité, c'est lui qui, depuis son avènement, a tout fait pour encourager et aider à se répandre les conceptions pangermanistes qui flattaient au plus haut degré ses tendances mégalomanes.

En effet, à partir de 1898, on a pu observer que le mot de *Germanie* remplaça généralement celui d'*Allemagne* dans les discours du Kaiser. Le 28 août 1898, répondant au discours du bourgmestre de Mayence, il déclara vouloir maintenir intact l'héritage que lui a légué son grand-père : « Mais, ajouta-t-il, je ne pourrai y parvenir que si notre autorité se maintient ferme à l'égard de nos voisins. *Dans ce but, l'unité et la coopération de toutes les tribus germaniques est nécessaire.* (Dazu bedarf es der Einigkeit und Mitwirkung *aller deutschen Stämme*).

Or, l'expression de « tribus germaniques » qui contient l'essence du programme pangermaniste et qui, de toute évidence, porte bien au-delà des limites de l'empire allemand actuel, est exactement celle toujours employée par le Dr Hasse, président de l'*Alldeutscher Verband* (Union pangermaniste) qui, depuis vingt ans, a prêché aux Allemands que leur grande tâche consistait à réaliser « l'union de toutes les tribus germaniques ». (... die Gemeinschaft *aller deutschen Stämme*.) (V. la couverture de l'*Alldeutscher Atlas* (Atlas pangermaniste) de Paul Langhans, publié chez Justus Perthes, Gotha, 1900).

Le 3 février 1899, dans son discours, fait au Landtag de la province de Brandebourg, Guillaume II déclara encore :

« Nous voulons faire en sorte que nous autres Germains soyons au moins réunis en un bloc solide... Sur ce rocher de bronze du peuple allemand, au loin au-delà des mers, et chez nous en Europe, viendra se briser toute vague menaçante pour la paix ».

« Deswegen wollen wir trachten, dass wir Germanen wenigstens zusammenhalten wie ein fester Block... An diesem rocher de bronze des deutschen Volkes, draussen weit über die Meere und bei uns zu Haus in Europa möge sich jede den Frieden bedrohende Welle brechen ».

Cette finale pacifique ne trompa personne en Allemagne.

Seule, l'allusion à l'union des Germains fut retenue. Aussi, peu après ce discours, l'organe pangermaniste du Dr Hasse, le commentait avec une joie profonde :

« L'empereur ne tient pas l'empire pour terminé... Il veut voir croître encore le chêne de l'empire allemand... Comme ses ancêtres, son point de vue est celui de la raison d'Etat. D'abord la Marche, ensuite la Prusse, après l'empire allemand. *Et quoi encore? S'il parle de la totalité des Germains,— et peut-être pense-t-il ainsi aux Anglo-Saxons — il lui est impossible de sauter par-dessus le degré intermédiaire de la plus grande Allemagne, qui opère la réunion de tous les Allemands... De l'empereur allemand sortira un empereur des Allemands.*

(V. *Alldeutsche Blätter*, 1899, p. 53).

« Der Kaiser hält den Ausbau des Reiches nicht für beendet. Er will die deutsche Reichseiche noch wachsen sehen... Wie seine Väter steht er auf dem Boden des Staatsbewusstseins. Erst die Mark, dann Preussen, dann das Deutsche Reich. Und wass dann? Wenn er von der Gemeinsamkeit der Germanen spricht und hierbei vielleicht an die Angelsachsen denkt, so kann er unmöglich die Zwischenstufe des « grösseren Deutschlands », die Zusammenfassung aller Deutschen, überspringen wollen... Aus dem « deutschen Kaiser » aber wird ein Kaiser des Deutschen. »

Les actes ultérieurs du Kaiser ont vérifié la justesse du raisonnement du Dr Hasse. Ce qui est certain, c'est que Guillaume II a eu un

plan politique. Il y a fait de nombreuses allusions :
« Je n'ai aucune crainte dans l'avenir; je suis
convaincu que mon plan réussira. (Discours de
Stettin, septembre 1900). « J'ai en moi la volonté indomptable de marcher d'un pas ferme,
en dépit de toutes les résistances, dans la voie
que j'ai une fois reconnue pour la bonne » (Discours de Bielefield, juillet 1899). Cette voie, en
quelle compagnie l'empereur comptait-il la
parcourir? Avec l'armée sans aucun doute. « Si,
dans le monde, on veut décider de quelque
chose, la plume n'est puissante que soutenue de
la force du glaive. » (Discours à la Garde, janvier, 1900).

Ces discours, cette concordance d'expressions
capitales entre le chef de l'empire allemand et
le principal leader pangermaniste, le Dr Hasse,
la proclamation, *dès 1898*, par Guillaume II,
de la nécessité de « l'unité et de la coopération
de toutes les tribus germaniques » et surtout la
liberté totale qui a toujours été laissée aux multiples manifestations pangermanistes les plus
effrénées, liberté particulièrement significative
dans un Etat policier, aussi strictement disci-
pliné que l'Allemagne, — où rien ne se fait dans
le haut domaine politique sans la permission
des autorités, — ne prouvent-elles pas avec

évidence, que le Kaiser a été, en réalité, *contrairement aux vues du prince de Bismarck*, l'inspirateur et le véritable directeur du mouvement pangermaniste?

CHAPITRE II

LA THÉORIE ET LES ARGUMENTS PANGERMANISTES

I. Le Pangermanisme est d'une réalisation possible. — II. L'application du Pangermanisme procurerait des avantages importants à tous les pays germains. — III. La réalisation du Pangermanisme constituera pour l'Allemagne une opération à la fois excellente et nécessaire.

Les partisans de la Grande-Allemagne n'ont pas seulement profité jadis des circonstances favorables pour répandre leur doctrine; avec cet esprit de méthode systématique, dont les Allemands savent tirer de si utiles partis, ils ont aussi tenté, dès les débuts du mouvement pangermaniste, c'est-à-dire surtout à partir de 1890, de créer des arguments à l'appui de leur thèse, afin de convaincre l'opinion publique de l'œuvre à accomplir et des directions à prendre.

Ces arguments ont été exposés dans une « littérature » comme on dit de l'autre côté du Rhin, constituée de nombreuses brochures qui s'est développée avec une intensité progressive. Malheureusement, pendant bien longtemps, en France, on ne voulut accorder aucune importance aux brochures de propagande pangermaniste, sous le prétexte qu'un certain nombre de ces publications étaient anonymes.

L'objection tirée du caractère anonyme de certaines des brochures pangermanistes n'aurait pas dû cependant être prise en sérieuse considération. D'abord des sociétés très puissantes, comme l'*Union pangermaniste*, patronnaient la plupart de ces publications non signées. En outre, il eut fallu tenir compte de ce fait, qu'en général, les publicistes réellement extravagants, bien loin de cacher leur personnalité sous l'anonymat, l'affichaient, au contraire, avec ostentation. Enfin, les brochures pangermanistes en question, si elles dévoilaient l'existence de plans énormes et dangereux, décelaient en même temps chez leurs auteurs, une réelle connaissance des questions politiques dont ils traitaient.

Aussi, loin d'être une cause de discrédit, l'anonymat d'une série de brochures pangermanistes qui parurent à partir de 1890, révélait au contraire leur importance. D'ailleurs, quiconque connaît les méthodes politiques prussiennes, ne doit pas ignorer que depuis fort longtemps le gouvernement de Berlin s'emploie volontiers à orienter l'opinion préalablement aux événements, au moyen de brochures anonymes. On pourrait le prouver par des exemples nombreux. Un seul suffira.

En 1866, M. de Goltz, ambassadeur de Prusse à Paris, fit « répandre une brochure anonyme dont l'auteur s'efforçait de démontrer combien l'alliance de la France et de la Prusse serait avantageuse pour les deux pays » (1).

L'argument qui consistait à dire qu'on ne devait pas accorder beaucoup d'importance aux idées politiques des auteurs pangermanistes, parce qu'ils développaient des plans d'une grandeur démesurée, ne valait pas davantage. Toutes les crises d'agrandissement de l'Allemagne ont été précédées d'une agitation littéraire, pendant laquelle des projets en apparence irréalisables et presque insensés, étaient proposés à l'opinion. Les événements ultérieurs ont toujours démontré que ces projets avaient contenu une forte part de vérité.

Aujourd'hui, d'ailleurs, la vérité est éclatante. Personne ne peut plus contester que le gouver-

(1) V. Debidour, *Histoire diplomatique de l'Europe*, t. II, p. 291. Alcan. Paris, 1891.

nement de Berlin a suivi une politique pangermaniste. Pour bien comprendre à la fois les origines du mouvement pangermaniste et ses tentatives de réalisation actuelles, il faut donc rappeler les principaux arguments exposés, il y a une vingtaine d'années, dans les brochures de propagande auxquelles je viens de faire allusion.

Ces arguments réduits à leurs éléments essentiels, peuvent se grouper autour de trois idées :

1º Le Pangermanisme est d'une réalisation possible ;

2º Son application procurerait des avantages importants à tous les pays germains ;

3º Cette application constituera pour l'empire allemand une opération à la fois excellente et nécessaire.

I

Le Pangermanisme est d'une réalisation possible.

1º Économiquement.

Il restituerait à l'Allemagne le cours entier du Danube et du Rhin, la Hollande et la Belgique, jadis principaux facteurs de la prospérité du vieil empire germanique (1). Les grands travaux exécutés en Europe préparent de la façon la plus heureuse la jonction des bassins du Danube, de l'Oder, de l'Elbe et du Rhin (2). Les gens d'affaires suivent leur développement avec intérêt. Le Sénat de Hambourg préconise hautement le canal de l'Elbe au Danube, et une société allemande-austro-hongroise s'est constituée pour taire adopter l'idée d'un canal de l'Oder au Danube, qui mettrait en rapports fluviaux directs Hambourg et les usines de Silésie avec l'Orient. L'assentiment des commerçants et des industriels à l'extension du zollverein n'est point douteux.

2° Politiquement.

La situation intérieure de l'Allemagne n'est pas un obstacle, elle constitue, au contraire, un élément de succès, car elle fait comprendre au peuple allemand l'étroitesse de ses frontières actuelles (3). Sans doute, une politique continentale d'expansion à ses dangers, mais a-t-on

(1) V. G. Waldersee. *Was Deutschland braucht*, p. 6. Thormann. Berlin, 1895.

(2) V. D' Hasse. *Deutsche Weltpolitik*, p. 9, Lehmann. Munich, 1897.

(3) V. G. Waldersee. *Was Deutschland braucht*, p. 7. Thormann. Berlin, 1895.

jamais atteint aisément un but élevé? Les
hommes d'Etat aux affaires doivent le reconnaître ; dans cette occurence, le péril serait
moindre que celui qu'il fallut courir, lors de
l'acquisition de la Silésie ou dans les années 1806,
1864 et 1866. C'est aux diplomates à atténuer ou
même à conjurer les dangers extérieurs susceptibles de se produire (1). Les évènements de 1870,
surtout, constituent un encouragement. Le Pangermanisme ne paraît-il pas plus facile à réaliser
que ne le fut, pour le prince de Bismarck,
l'union des « tribus » du centre? (2) Ce que le
grand Frédéric et le prince de Bismarck ont pu
faire, leurs successeurs doivent pouvoir le
faire à leur tour. La Prusse a toujours été
entourée de dangers ; si elle renonçait maintenant à son initiative propre, par crainte de complications, cela équivaudrait pour elle à déses-
pérer de l'avenir (3). Certes, il y a des obstacles,
mais ils ne sont pas insurmontables. Plus la
mission d'un peuple est pénible à remplir et plus
brillante est sa gloire (4). Un grand peuple ne

(1) V. *Op. cit. idem.*
(2) V. F. Bley. *Die Weltstellung des Deutschtums* p. 39 et 40.
Lehmann. Munich, 1897.
(3) V. G. Waldersee. *Was Deutschland braucht,* **p.** 9. Thormann. Berlin, 1895.
(4) V. Paul de Lagarde. *Deutsche Schriften,* p. 110. Götingen,
1892.

peut se maintenir alerte et vivant qu'en cherchant toujours à s'étendre (1). Quand Bismarck,
dans ses *Souvenirs*, prêche la paix constamment
et conseille à l'Allemagne de mépriser les provocations, il encourage nos voisins et bons amis
à l'impertinence (2). Non, dans ce cas, Bismarck n'a pas rendu service à son pays (3). Il
n'est pas impossible d'ailleurs d'écarter par des
arrangements diplomatiques les solutions violentes, mais il faut se hâter. *La situation actuelle
de l'Autriche-Hongrie ne saurait se maintenir
longtemps ainsi* (4). Si la diplomatie manœuvre
convenablement, l'Angleterre est la moins redoutable. Sa conduite sera subordonnée à celle
des autres puissances et elle s'inclinera devant
la force des choses parce que « power that is » (5).

Les Français ne viennent pas en considération.
(*Die Franzosen kommen nicht in betracht*) (6).
Ils sont en pleine décadence. On leur cédera la
partie française de la Belgique et ils consenti-

(1) V. *Deutschland bei Beginn des 20. Jahrhunderts*, p. 41.
Imprimerie militaire R. Félix. Berlin, 1900.
(2) V. *Op. cit.*, p. 41.
(3) V. *Idem*.
(4) V. G. Waldersee. *Was Deutshland braucht*, p. 10. Thormann. Berlin, 1895.
(5) V. *Op. cit.*, p. 12.
(6) V. Dr Hasse, *Die deutsche Ostmark*, p. 4. Priber. Berlin,
1894.

ront à l'extension allemande en Autriche. L'accroissement de puissance qu'on aura permis à la France sera compensé par une étroite union de la Hollande et de l'Allemagne.

Le système des compensations peut s'appliquer aussi avec les Russes. Il vaut mieux s'entendre avec eux qu'avoir à leur faire la guerre ; non seulement l'opération présente des risques, mais on ne peut pas trouver d'argent chez eux. (*Geld ist in Russland auch nicht zu holen*). (1). Il est permis de croire que l'offre des Indes et peut-être de Constantinople les rendrait sourds aux propositions résultant de l'alliance française. La présence des Russes à Constantinople sera sans danger, du jour où les Balkans seront soumis à la puissance allemande (2).

Les temps présents sont extraordinairement favorables à l'action : la Russie, orientée vers l'Asie, s'entend volontiers avec l'Allemagne ; la France, depuis Fachoda, répugne de moins en moins à un accord avec Berlin ; en proie à des luttes intestines sans précédent, elle détruit elle-même sa puissance militaire ; le gouverne-

(1) V. *Grossdeutschland*, p. 22. Deutschvölkischer Verlag « Odin ». Munich. 1900.

(2) V. G. Waldersee. *Was Deutschland braucht*, p. 11. Thormann. Berlin, 1895.

ment de Berlin est donc maître de la situation. A lui d'en tirer parti. (*Nota*. C'étaient là les idées qui régnaient en Allemagne vers 1900).

II

L'application du Pangermanisme procurerait des avantages importants à tous les pays germains.

Les peuples touchés par l'application du Pangermanisme résisteront moins qu'on ne le pense, car leur intérêt est de s'absorber dans la grande patrie allemande, pour faire face aux difficultés de la lutte économique. Chacun d'entre eux n'a-t-il pas, en outre, des raisons particulières d'admettre le Pangermanisme? La situation militaire de la Suisse est intenable et sa neutralité n'est qu'une fiction (1). En constituant un vaste camp retranché, qui permettrait aux troupes allemandes de contribuer à la défense du Mont-Blanc, du Saint-Bernard et du Mont-Rose, du Simplon et du Gothard, l'empire allemand

______

(1) V. *Grossdeutschland und Mitteleuropa um das Jahr 1950*, p. 17. Thormann. Berlin, 1895.

assurerait à la Suisse une complète sécurité (1).
Ce n'est donc point l'Allemagne qui a besoin
de la Suisse, mais la Suisse qui a besoin de la
protection de l'empire allemand (2).

La situation de la Hollande est analogue.
Seule, une étroite alliance avec le peuple allemand peut lui assurer le retour de son ancienne
prospérité (3). N'appartient-elle pas d'ailleurs à
l'Allemagne au même titre que la Bretagne et
la Normandie à la France? (4).

Quant à la Belgique, aucun pays d'Europe
n'est plus menacé (5). La réunion de la partie
flamande est inévitable.

Pour le grand-duché de Luxembourg, la question ne se pose pas de la même manière. Il jouit
déjà des avantages du *Zollverein;* sa capitale
n'a plus qu'à devenir une forteresse impériale
allemande (... *deutsche Reischsfestung*) (6).

De tous les pays germains, l'Autriche serait
le plus favorisé. Le principe des nationalités,
donné par Napoléon III comme fondement
exclusif de la formation des États, est devenu

(1) V. *Op. cit. idem.*
(2) V. *Idem.*
(3) V. *Op. cit.* p. 12.
(4) V. *Op. cit.* p. 11.
(5) V. *Op. cit.*, p. 14.
(6) V. *Op. cit.*, p. 15.

pour la Cisleithanie un danger (1). Le Pangermanisme l'en délivrera en rendant service aux deux pays (2). La Prusse n'a point un corps assez grand pour son âme, et l'Autriche n'a pas d'âme pour son vaste corps (3). L'Allemagne a trop de princes et l'Autriche a trop de peuples (4). L'Autriche a besoin de nos colons et l'Allemagne a besoin de l'Autriche pour ses colons (5). La politique de cet état doit donc consister à attirer les émigrants allemands et à les répartir en colonies compactes sur les frontières les plus reculées (6). Etre une colonie de l'Allemagne est sa seule mission (7). Ainsi, l'Autriche servira ses véritables intérêts. Elle a besoin d'une race dominante, seuls les Allemands savent y dominer (8).

(1) V. Dr Seep. *Deutschland einst und jetzt*, p. 21. Lehmann. Munich, 1896.

(2) V. Paul de Lagarde, *Deutsche Schriften*, p. 32. Dieterich. Göttingen, 1892.

(3) Preussen hat für seine Seele keinen ausreichenden Leib, Oesterreich für einen sehr genügenden Leib keine Seele. V. *Op. cit.*, p. 35.

(4) V. *Op. cit.*, p. 32.

(5) Oesterreich braucht unsere Kolonisten, und Deutschland braucht Oesterreich für seine Kolonisten. V. *Op. cit.*, p. 113.

(6) V. *Op. cit.*, p. 112.

(7) Es gibt keine andere Aufgabe für Oesterreich als die, der Koloniestaat Deutschlands zu werden. V. *Op. cit.*, p. 111.

(8) Oesterreich bedarf einer herrschenden Rasse, und herrschen können in Oesterreich nur die Deutschen. V. *Op. cit.*, p. 307.

Il n'y a pas à tenir compte des autres populations. Les Magyars et les Tchèques sont un fardeau pour l'histoire (1).

Sans valeur politique (*politisch werthlos*), ils constituent simplement un amalgame utilisable pour les nouvelles formations allemandes (2). En assurant inébranlablement la suprématie allemande en Autriche, le Pangermanisme rendra impossibles les luttes nationales.

III

La réalisation du Pangermanisme constituera pour l'Allemagne une opération à la fois excellente et nécessaire.

Les avantages que trouverait à son propre point de vue l'empire allemand à une extension continentale sont plus décisifs encore.

Le *Zollverein* serait étendu à l'Autriche, à la Hongrie, à la Bosnie, à l'Herzégovine, à la Belgique, à la Hollande et peut être à la Suisse et à la Roumanie. De 542.000 kilomètres carrés, la superficie du territoire douanier passerait à

(1)... eine Last für die Geschichte. V. *op. cit.*, p. 27.
(2) V. *Op. cit.*, p. 111.

1.322.000 kilomètres carrés et de 52 millions, le nombre des consommateurs s'élèverait à 108 millions. Avec l'Allemagne pour centre, le nouveau *Zollverein* régirait les bassins du Danube, du Rhin, de l'Elbe et de l'Oder. Il dominerait la mer du Nord, la Baltique, l'Adriatique et la mer Noire. L'accord des Etats de l'Europe centrale s'étendrait à toutes les manifestations de la vie économique; chemins de fer, postes, télégraphes, canaux... Des câbles sous-marins, posés à frais communs, assureraient l'indépendance; une marine de guerre commune garantirait le respect des droits de tous.

Les colonies des Etats confédérés s'ajouteraient aux colonies actuelles de l'empire allemand et constitueraient un territoire économique d'expansion extérieure. Il serait encore insuffisant pour absorber les 10.562 millions de marks d'exportations annuelles que font actuelment les Etats appelés à former le futur *Zollverein*; on l'étendrait par des acquisitions en Chine et en Asie-Mineure (1).

---

(1) Toutes ces données sur l'extension du *Zollverein* sont tirées de la brochure du D⁰ Hasse, président de l'*Alldeutscher Verband*, intitulée : *Deutsche Weltpolitik*. Lehmann. Munich, 1897.

Les avantages politiques seraient tout aussi considérables. Le rattachement de l'Autriche a l'Allemagne mettrait un obstacle décisif aux progrès du « Slavisme ». Cette solution ne comporte pas les dangers qu'on pourrait supposer.

En opérant la fusion des armées et des flottes allemandes et autrichiennes, l'extension procurerait les moyens de faire face aux inconvénients qu'elle pourrait susciter. Pola deviendrait un grand port de guerre pour la formidable marine germanique et l'armée allemande obtiendrait cette puissance inouie que procure l'énormité des effectifs (1). Ainsi étroitement rattachée à l'empire allemand, l'Autriche deviendrait son avant-garde et son mandataire (2). Soumis à sa domination, les États des Balkans seraient indirectement placés sous l'égide de l'empire allemand (3), qui se trouverait alors en bonne situation pour recevoir une large part des dépouilles de la Turquie.

Armé de tels éléments de puissance,

(1) V. D͏ʳ Hasse. *Die Deusche Ostmark*, p. 4. Priber. Berlin, 1894.

(2)., Vorhul und Mandalar des Deutschen Reiches.. V. G. Waldersee. *Was Deutschland braucht*, p. 13. Thorman. Berlin, 1895.

(3) V. *Idem*.

le gouvernement de Berlin « assurerait » la paix à l'Europe, sans cependant peser trop lourdement sur les États confédérés ; mais, qu'on ne s'y trompe pas, seule une Allemagne s'étendant de l'Ems aux embouchures du Danube, de Memel à Trieste, de Metz aux rives du Bug, peut remplir cette mission, car seule une telle Allemagne pourrait se nourrir et avec son armée permanente vaincre la Russie ou la France, ou battre même leurs forces réunies avec l'appui de ses réserves ».

« Den Frieden in Europa ohne dauernde Belästigung seiner Angehörigen zu erzwingen, ist nur ein Deutschland im Stande, das von der Ems zur Donaumündung, von Memel bis Triest, von Metz bist etwa zum Bug reicht, weil nur ein solches Deutschland sich ernähren, nur ein solches mit seinem stehenden Heere sowohl Frankreich als Russland, und mit seinem Heere und dessen erstem Ersatze das mit Frankreich verbündete Russland niederschlagen kann ». (V. Paul de Lagarde, *Deutsche Schriften*) p. 113 et 114. Dieterich, Göttingen, 1892).

Loin d'être ébranlée, l'unité de l'empire reposerait sur une assise plus solide qu'actuellement (1). Le jour où le peuple allemand aurait le champ libre entre la mer du Nord et la mer

(1) V. G. Waldersee. *Was Deutschland braucht*, p. 10. Thormann. Berlin, 1895.

Noire, avec un horizon largement ouvert sur l'Orient, le spectre du socialisme s'évanouirait de lui-même (1).

Il est enfin un argument décisif à tous les points de vue : l'extension en Autriche apparaît comme une nécessité inéluctable pour l'empire allemand.

Le peuple allemand a la mission historique de faire reculer le flot du nationalisme russo-slave. Toute idée d'abandon des Allemands habitant des deux côtés de la Leitha doit être considérée comme une infamie (2). L'Autriche actuelle ne peut consentir aux Allemands un modus vivendi qui soit à peu près acceptable (3). La Prusse n'a-t-elle point d'ailleurs à suivre sa politique traditionnelle : empêcher les Habsbourg de faire de leur empire un État slave? C'est une question d'état vitale pour l'empire allemand (4). Oui, sa sécurité l'exige; il a besoin d'être assuré qu'en aucun cas, derrière des frontières du sud, ne se trouvera un État ennemi. Il

(1) V. *Op. cit.* p. 15.
(2) V. Paul de Lagarde, *Deutsche Schriften*, p. 397. Dieterich. Göttingen, 1892.
(3) V. *Oesterreich als Einheitsstaat* p. 9. Deutschvölkischer Verlag. « Odin. » Munich, 1900.
(4) ... eine stattliche Lebensfrage für das Deutsche Reich. V. *Die Deutsche Politik der Zukunft*, p. 8 Deutschvölkischer Verlag. « Odin. » Munich, 1900.

doit s'opposer à la création en Cisleithanie d'un empire slave, pouvant faire cause commune contre lui avec la Russie, la France et le Danemark (1). Or, le « germanisme » dans les Alpes, les Carpathes, sur le Danube et sur l'Elbe constitue une fraction inviolable de notre nationalité. Nous devons la sauver (2). Les souverains autrichiens renoncent à ce devoir sacré. Tous les moyens sont donc permis. Contre la politique de violence des Habsbourg, il n'y a qu'un remède, la politique de violence pangermaniste (3).

Nos intérêts les plus certains nous poussent. Même si les Tchèques n'étaient pas naturellement les ennemis implacables et les agresseurs de l'empire allemand,

Aber selbst wenn die Tschechen nicht ihrer Natur nach Todfeinde und Angreifer des Deutschen Reiches wären, müssten wir trotzdem eine Wiedererwerbung Deutschö-

(1)... dass nicht vor seiner Thüre ein slavisches Reich entstehe, das mit dem andern slavischen Reiche im Osten, und mit Frankreich und Danemark gegen Deutschland gemeinschaftliche Sache machen könnte ». V. Paul de Lagarde, *Deutsche Schriften*, p. 37. Dieterich, Göttingen, 1892.

(2) V. K. Pröll. *Die Kampfe der Deutschen in Oesterreich* p. 11. Lustenöder, Berlin, 1890.

(3) « Gegen die Habsburgische Gewaltpolitik gibt es also nur ein Gegenmittel, nämlich Grossdeutsche Gewaltpolitik. V. *Die Deutsche Politik der Zukunft* », p. 9. Deutschvölkischer Verlag, « Odin. » Munich, 1900.

<table>
<tr><td>

nous devrions cependant
nous efforcer d'acquérir
à nouveau l'Autriche alle-
mande pour cette simple
raison que l'Autriche
nous sépare de l'Adria-
tique.

</td><td>

sterreichs erstreben aus
dem einfachen Grunde,
weil uns Oesterreich
von der Adria trennt.
(*Die Deutsche Politik der
Zukunft*, p. 9, Deutsch-
völkischer Verlag. Odin.
Munich, 1900.)

</td></tr>
</table>

L'empire allemand doit conquérir l'Autriche
allemande (1), car le peuple allemand ne peut
pas se détourner de la mer Adriatique sans
perdre ses droits à la situation de grande puissance (2). Ne nous laissons pas leurrer par les
apparences; en fait, nous avons abandonné
depuis longtemps la politique pacifique et nous
sommes passés à la politique d'attaque. Notre
force industrielle et commerciale et notre faiblesse agricole en sont les causes (3). L'industrie
allemande s'est développée si rapidement, elle a
atteint un degré tel que tout le monde reconnaît
l'impuissance du marché indigène à absorber la

(1) «... das Deutsche Reich muss Deutschössterreich ero-
bern... » V. *Op. cit.* p. 12.

(2) Das Deutsche Volk kann nicht vom adriatischen Meere
abdrängen lassen, ohne überhaupt seinen Anspruch auf die
Stellung einer Grossmacht verloren zu geben. V. *Gross-Deutsch
land*, p. 10, Deutschvölkischer Verlag, Odin. Munich, 1900.

(3) V. D' Mehrmann, *Deutsche Welt-und Wirtschafts-Politik*,
p. 56. Deutsbvölkischer Verlag. Odin. Munich, 1900.

production (1). Sans doute, le courant de l'émigration allemande se dirige vers le sud-ouest, mais la porte n'est pas suffisamment ouverte. Un véritable peuple a le droit de créer avec sa bonne épée l'espace qui manque à ceux de ses enfants qui ne peuvent plus vivre sur son territoire.

L'Allemagne se trouve donc en présence de nécessités inéluctables qui rendent inutile toute considération sentimentale.

Les frontières des Etats ne sont point fixées pour l'éternité (3).

Pourquoi se préoccuperait-on des Autrichiens non Allemands? Bismarck n'a-t-il pas dit que les races étaient mâles et femelles? Tous ces Slaves et surtout les Tchèques nous haïssent du fond du cœur. Ils savent que notre vie est leur mort (4). Celui qui ne veut pas être chassé doit savoir expulser (5). C'est ce que nous ferons, une

<hr>

(1) V. G. Waldersee, *Was Deutschland braucht*, p. 5. Berlin, Thormann, 1895.

(2) *Die Deutsche Politik der Zukunft*, p. 4. Deutschvölkischer Verlag, Odin, Munich, 1900.

(3) Auch die Grenzen der Staaten sind nicht für die Ewigkeit abgesteckt. V. *Grossdeutschland und Mitteleurope um das Jahr 1950*, p. 5, Thormann, Berlin, 1895.

(4) Sie alle hassen uns, weil sie wissen, dass unser Leben ihr Tod ist... V. Paul de Lagarde, *Deutsche Schriften*, p. 395, Dieterich, Göttingen, 1892.

(5) Wer nicht vertrieben sein will, muss vertreiben. Cité dans

fois maîtres de l'Autriche. Nous inviterons alors à revenir dans leur pays les Allemands qui habitent en dehors de nos frontières, en Hongrie, en Transylvanie, dans l'Amérique du nord, dans l'intérieur de la Russie, dans les provinces baltiques, — en supposant toutefois que nous n'annexions pas ces dernières.

Voilà quelle devrait être notre politique nationale, notre réponse à cette haine de l'Allemand qui s'étale partout si effrontément depuis que, dans nos modestes frontières, nous nous sommes comportés comme un peuple arrivé à sa majorité. Notre peuple a toléré l'incendie du Palatinat; il s'est vu créer mille difficultés par les Tchèques depuis Jean Huss; tous les Slaves, Russes ou Polonais le détestent et le persécutent. Un tel peuple n'a-t-il pas le droit, de par Dieu, d'en venir à l'emploi de procédés radicaux, mais plus humains encore que ceux employés lors de la guerre de Trente ans et pendant les campagnes de Napoléon Ier (1).

Quelles qu'elles soient, les éventualités belliqueuses ne sont pas à redouter; l'empire allemand peut se reposer en toute confiance sur son

Grossdeutschland und Mitteleuropa um das Jahr, 1950, p. 29. Thormann, Berlin, 1895.

(1) V. *Deutschland bei Beginn des 20. Jahrhunderts*, p. 213. Militär Verlag. R. Félix, Berlin, 1900.

armée. (1) N'hésitons donc pas : autant que le permettent les suppositions humaines, non seulement les forces dont nous disposons font espérer le succès, mais encore elles le garantissent (2).

*
* *

Telles sont les ambitions brutales, effrénées et cyniques que révélaient il y a déjà plus de vingt ans la « littérature » pangermaniste.

Comme on l'a déjà constaté (v. p. 27), elles n'ont pu se répandre en Allemagne que de par la volonté de Guillaume II.

(1) «... kann das Reich sich mit vollem Vertrauen auf das Heer stützen soweit kriegerische Eventualitäten überhaupt in Betracht zu ziehen sind... » V. G. Waldersee, *Was Deutschland braucht*, p. 6. Thormann, Berlin 1895.

(2) V. G. Waldersee, *Was Deutschland braucht*, p. 14. Thormann, Berlin, 1895.

CHAPITRE III

L'ESSENCE DU PLAN PANGERMANISTE POSITIF

I. Le plan concret établi il y a vingt ans. — II. L'Allemagne a fait la guerre pour réaliser le Pangermanisme.

Le *mouvement* pangermaniste conduit, à partir de 1890, comme on vient de le vérifier, avec une méthode toute prussienne, aboutit bientôt à un *plan* pangermaniste d'action politique et militaire, qui reposait sur ces trois idées essentielles :

Il faut rattacher à l'empire allemand tout ce qui est possible de l'Autriche-Hongrie;

Une extension du *Zollverein* (Union douanière), doit englober tous les Etats limitrophes de l'Allemagne, susceptibles d'une attraction germaniste.

La constitution d'une puissante Confédération

germanique en Europe centrale permettra au Pangermanisme de rayonner politiquement et économiquement sur le monde entier et tout spécialement sur les Etats des Balkans et sur la Turquie.

I

Le plan concret établi il y a vingt ans.

Le plan pangermaniste sous sa forme positive fut exposé d'une façon particulièrement nette dès 1895, — il y a donc exactement vingt ans, — dans une brochure intitulée : « *Grossdeutschland und Mitteleuropa um das Jahr 1950* ». (La Grande Allemagne et l'Europe centrale en 1950). (Thormann und Goestch S. W. Bessel-Strasse, 17, Berlin, 1895).

On put attribuer à cette brochure, quoique anonyme, une grande importance parce que, très peu après sa publication, on fut à même de constater que le programme qu'elle exposait était celui préconisé par l'*Alldeutscher Verband* (L'Union pangermaniste), déjà très puissant à cette époque.

Une carte annexée à la brochure, qu'on trouvera exactement reproduite à la fin du volume,

matérialisait géographiquement la partie essentielle du plan pangermaniste. Cette carte, je l'ai
publiée dans mon livre : *L'Europe et la question
d'Autriche au seuil du XXe siècle*, qui parut chez
Plon-Nourrit en 1901 et dans lequel je m'efforçai
de montrer la réalité, la gravité et l'aboutissement, — c'est-à-dire la guerre, — des nouvelles
tendances qui se manifestaient outre-Rhin.
Malheureusement, il y a 14 ans et même beaucoup
plus récemment encore, on ne voulait pas croire
hors d'Allemagne à l'importance de la « littérature » et de l'organisation pangermaniste et du
mouvement formidable qu'elle déchaînait. Tous
les plans élaborés outre-Rhin étaient considérés,
bien à tort, par le plus grand nombre des non
Allemands, comme des combinaisons « à la Jules
Verne ».

Quoiqu'il en soit, notre brochure de 1895 ex-
pliquait :

La guerre inévitable entre l'Allemagne et la
Russie terminera le grand œuvre pangermaniste.
Si cette guerre est heureuse, l'Allemagne
annexera les provinces baltiques, l'Esthonie, la
Livonie et la Courlande. Elle formera un Etat
polonais et un royaume ruthène destinés à recevoir les Juifs et les Slaves qui émigreront du
grand empire allemand (*Op. cit.* p. 40).

Finalement, deux groupes territoriaux seront constitués en Europe centrale ; le premier politique ou Confédération germanique comprendra :

L'empire allemand actuel,

Le Luxembourg,

La Hollande,

La Belgique,

La Suisse allemande,

L'Autriche-Hongrie,

Le second sera un immense *Zollverein* ; outre la Confédération germanique, il embrassera les principautés baltiques, le royaume de Pologne, le pays ruthène, la Roumanie et la Serbie agrandie (*Op. cit.* p. 42).

La Pangermanie abritera alors 86 millions d'hommes et le territoire économique soumis à son action commerciale directe et exclusive sera habité par 131 millions de consommateurs. (*Nota.* Ce sont là les chiffres du calcul fait en 1895).

Et notre auteur pangermaniste concluait avec l'inconscience et l'impudeur féodales d'un junker prussien :

Sans doute, des Allemands ne peupleront pas seuls le nouvel empire allemand ainsi constitué, mais,

*seuls ils gouverneront,
seuls, ils exerceront les
droits politiques, servi-
ront dans la marine et
dans l'armée, seuls, ils
pourront acquérir la
terre. Ils auront alors,
comme au moyen âge, le
sentiment d'être un peu-
ple de maîtres; toutefois
ils condescendront à ce
que les travaux inférieurs
soient exécutés par les
étrangers soumis à leur
domination ».*

... dass die Deutschen al-
lein politische Rechte
ausüben, im Heer und in
der Marine dienen und
Grundbesitz erwerben
können, erlangen sie das
im Mittelalter vorhanden
Bewusstsein wieder, ein
Herrenvolk zu sein. Sie
dulden die unter ihnen
lebenden Fremden gern
zur Ausführung der nie-
deren Handarbeiten ».

(*Op. cit.*, p. 48).

La mainmise sur les parties essentielles de
l'Autriche-Hongrie étant la pierre angulaire de
leur programme, les pangermanistes ont étudié
il y a seize ans, avec une méthode bien allemande, quels seraient les meilleurs procédés de
réaliser cette annexion.

L'Allemagne devra-t-elle procéder seule à cette
délicate opération, ou s'entendre avec ses voisins
comme jadis à propos de la Pologne ? C'est un
point sur lequel ils n'avaient aucune idée pré-
conçue. Ils s'en remettaient aux circonstances
du soin d'en décider. « On pourrait examiner si
une alliance entre l'Allemagne, l'Italie et la Rus-

sie — qui dans ce cas devrait se séparer de la France — en vue de procéder au démembrement de l'Autriche ne serait pas plus conforme au but ». (V. *Alldeutsche Blätter*, 1899, p. 14).

Ce point réservé, le morcellement de l'empire de François-Joseph fut l'objet d'études sérieuses et serrées, basées sur les documents statistiques et ethnographiques les plus récents : trouver le moyen de réduire au minimum les difficultés d'absorption de la future conquête, surtout en ce qui concerne l'Autriche, tel fut le but essentiel de ces études.

La brochure intitulée *Le Démembrement de l'Autriche et sa reconstitution* (*Oesterreichs Zuzammenbruch und Wiederaufbau*, Lehmann, Munich 1899), partait du point de vue que toute la Cisleithanie, sauf le Trentin, la Bukovine et la Galicie, étant nécessaires à l'Allemagne, il était légitime de s'en emparer.

Mais comme ce territoire considérable contiendrait encore huit millions de Slaves, il s'agissait de trouver un procédé sûr de les dominer. Le morcellement de ce territoire entre les grands Etats de l'Allemagne, dans la proportion indiquée sur la carte ci-contre, fut alors considéré comme la meilleure solution.

La Prusse recevrait la Silésie et la Moravie.

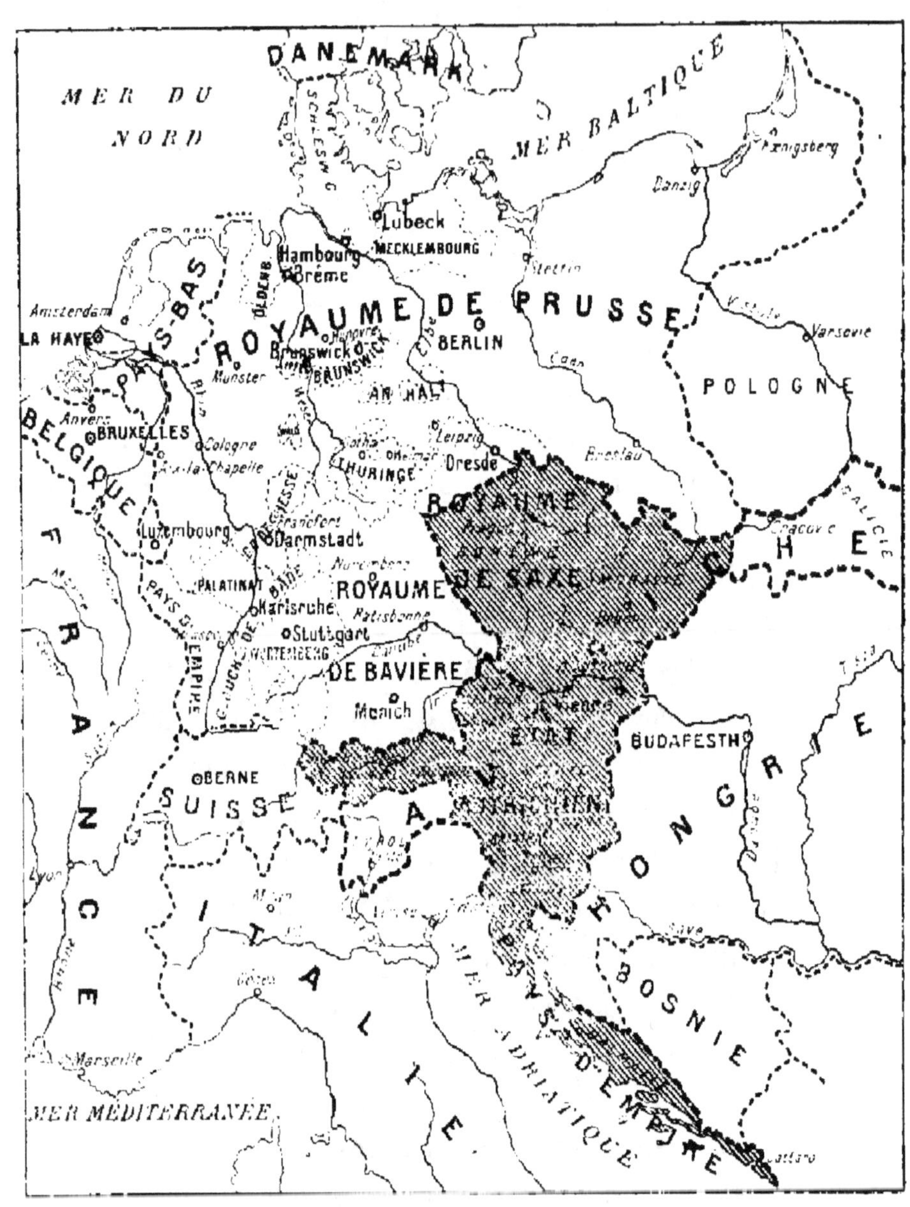

Le grisé indique les territoires de l'Autriche morcelés entre la Prusse, la Saxe, la Bavière, ou reconstitués en un État autrichien et en Pays d'Empire destinés à servir de bases à la puissance maritime de l'Allemagne dans l'Adriatique et la Méditerranée.

Cliché de *l'Illustration*.

La Bohême proprement dite serait la part de la Saxe. La Bavière prendrait la région de l'Inn, Salzbourg, le Vorarlberg et le Tyrol. La Haute-Autriche, la Basse-Autriche, la Styrie, la Carinthie et la Carniole formeraient un Etat autrichien d'environ 5.300.000 habitants. Le littoral (*Küstenland*) avec la partie sud de la Dalmatie, Raguse, les bouches de Cattaro, Trieste et Pola, constitueraient comme l'Alsace-Lorraine, un *Reichsland*, un pays d'empire, administré par un gouverneur militaire impérial, territoire qui servirait de base à la puissance maritime de l'Allemagne dans l'Adriatique et dans la Méditerranée. Le *royaume* d'Autriche serait lié à la Prusse par une convention militaire, mettant son armée dans une situation analogue à celle du duché de Bade ou du Wurtemberg. Pola et Cattaro deviendraient des ports de guerre de l'empire.

Tels sont les bases et les éléments essentiels du plan pangermaniste concret établi il y a vingt ans.

II

L'Allemagne a fait la guerre pour réaliser le Pangermanisme.

Avant de constater l'intérêt d'actualité saisissant du plan pangermaniste établi il y a vingt ans, il faut, au préalable, se convaincre que c'est bien pour réaliser les conceptions pangermanistes, que le gouvernement de Berlin a laissé se déchaîner l'effroyable conflit en cours.

C'est là une vérité qui, une fois établie, contribuera à rendre vains les efforts énormes faits actuellement par les Allemands, auprès des neutres, pour les persuader qu'ils ne sont pas responsables de la guerre.

Au commencement de février 1915, le roi Louis de Bavière déclarait au correspondant d'une revue américaine : « Cette guerre nous a été imposée ». Cette affirmation royale ne résiste déjà pas aux constatations qu'on peut faire à l'aide des documents diplomatiques échangés entre la Triple-Entente, Vienne et Berlin dans les semaines qui précédèrent la conflagration, mais il existe de ce mensonge une preuve plus péremptoire encore. Il faut la verser au débat, car, antérieure de plusieurs mois, même à la période de tension politique, elle établit nettement que les *leaders* de l'Allemagne ont voulu la guerre. Cette preuve est contenue dans la brochure pangermaniste fort bien analysée par M. J. Delaporte dans *Le Correspondant* (25 octobre 1914), brochure parue au début de 1914 et qui a pour titre : *L'heure décisive de l'empire allemand* par le lieutenant-colonel *Frobenius* (*Des Deutschen Reiches Schicksalstunde, von H. Frobenius*. Oberstleutnant a. D. chez Karl Curtius. Berlin W. 35). Le lieutenant-colonel Frobenius a consacré sa brochure à l'examen de la situation générale de l'Europe. Donnant à entendre que la Russie et la France commençaient à voir clair dans le jeu allemand, Frobenius conseillait de ne pas laisser à ces deux pays le temps de terminer leurs armements « provocateurs » — car pour Frobenius comme pour tous les Allemands au jugement détraqué par les théories pangermanistes, les simples mesures de défense et de précaution des voisins de l'Allemagne étaient considérées comme des provocations. Constatant enfin que les conjonctures étaient favorables pour le gouvernement de Berlin, Frobenius concluait :

« L'Allemagne est provoquée. Elle doit se

défendre et pour se défendre, attaquer les mécréants qui se préparent dans l'ombre. *Elle doit
marcher, marcher de suite.* » (V. *Le Correspondant*, 25 octobre 1914, p. 293).

Or, au commencement de 1914, donc presque
aussitôt après la publication de la brochure en
question, l'héritier de Guillaume II envoyait ce
télégramme d'approbation au lieutenant-colonel
Frobenius :

*J'ai lu votre remarquable brochure « L'heure décisive de l'empire allemand » avec le plus grand
intérêt et j'en souhaite la plus large diffusion dans
notre peuple allemand.*

GUILLAUME, *Kronprinz*

(V. *op. cit.*, p. 280).

Ce télégramme de l'héritier du trône allemand
n'établirait-il pas que les conclusions de Frobenius dans le sens d'une guerre immédiate
avaient l'assentiment du cercle impérial?

D'ailleurs, quelques mois après, lorsque Guillaume II eut combiné son action, en juin 1914,
au château de Konopischt avec l'archiduc héritier d'Autriche, François-Ferdinand, le Kaiser,
profitant du prétexte de l'assassinat de ce dernier, a fait exactement tout ce qu'il fallait pour

déchaîner la guerre. *Or il a été soutenu dans sa volonté par tous les cercles influents de l'opinion allemande*, comme l'a reconnu formellement Maximilien Harden, dans la *Zukunft*, en novembre 1914, lorsqu'il a écrit :

« Renonçons à nos misérables efforts pour excuser l'action de l'Allemagne, cessons de déverser de méprisables injures sur l'ennemi. *Ce n'est pas contre notre volonté que nous nous sommes jetés dans cette aventure gigantesque. Elle ne nous a pas été imposée par surprise. Nous l'avons voulue, nous devions la vouloir...* L'Allemagne ne fait pas la guerre pour punir des coupables ou pour libérer des peuples opprimés et se reposer ensuite dans la conscience de sa magnanimité désintéressée. *Elle la fait en raison de la conviction immuable que ses œuvres lui donnent droit à plus de place dans le monde et à de plus larges débouchés pour son activité* ». (Cité par *Le Temps*, 20 novembre 1914).

Comme depuis vingt ans les ambitions pangermanistes se sont exaspérées, la guerre, au moment où elle fut entreprise, devait permettre de réaliser beaucoup plus que *La Grande Confédération germanique et l'Europe centrale* prévue jadis seulement pour vers 1950.

La guerre actuelle avait d'abord pour objet d'avancer singulièrement l'échéance et ensuite de réaliser des prétentions territoriales infiniment plus étendues que celles du plan primitif puisque, si la France avait été écrasée, toute la côte de la Manche jusqu'à Cherbourg et peut-être même jusqu'à Brest aurait dû, sous une forme ou sous une autre, subir la sujétion allemande. Mais comme les fautes psychologiques des diplomates berlinois, dans les dernières semaines qui précédèrent la guerre, ont déterminé la résistance de la Belgique et l'entrée en ligne de l'Angleterre, comme les alliés tiennent partout le coup, l'Allemagne se voit contrainte, en tâchant de conclure au plus tôt la paix, de se contenter de réaliser en 1915, la partie essentielle du programme pangermaniste à peu près exactement tel qu'il a été conçu il y a vingt ans.

CHAPITRE IV

LE PLAN D'IL Y A VINGT ANS ET L'ÉTAT DE CHOSES ACTUEL.

I. Ce qu'établit la carte-document. — II. Les territoires occupés et les déclarations allemandes. — III. La question d'Autriche. — IV. Les menaces et les séductions allemandes à l'égard de l'Italie. — V. Les tentatives de paix avec la Serbie. — VI. Les intrigues allemandes à Bucarest.

Constatons maintenant que « la paix honorable » que voudrait l'Allemagne et que ses manœuvres actuelles correspondent presque exactement à la fois aux prétentions manifestées par la carte pangermaniste de 1895 et aux territoires actuellement occupés par l'Allemagne.

I

Ce qu'établit la carte-document.

Comme notre carte-document (voir à la fin du volume) permet de le constater, la *Grande Confédération germanique* conçue en 1895, qu'il s'agit de constituer sous l'hégémonie de la Prusse, doit comprendre à l'est un notable recul de la frontière allemande aux dépens de la Pologne. Elle englobe les régions slovaque, ruthène et magyare de la Hongrie actuelle. *Elle laisse, aux dépens de la monarchie des Habsbourg, se constituer la Grande-Roumanie et la Grande-Serbie.* La Confédération absorbe tout le reste des provinces allemandes, tchèques et slovènes de l'Autriche jusqu'à Trieste. *A l'Italie, elle cède le Trentin et une partie de la Suisse.* A la France, l'Allemagne cède une parcelle de l'Alsace-Lorraine, une portion de la Belgique et de la Suisse, mais elle absorbe la Hollande et toutes les Flandres jusqu'aux portes de Dunkerque.

Or, que nous démontrent l'occupation allemande actuelle et les manœuvres berlinoises?

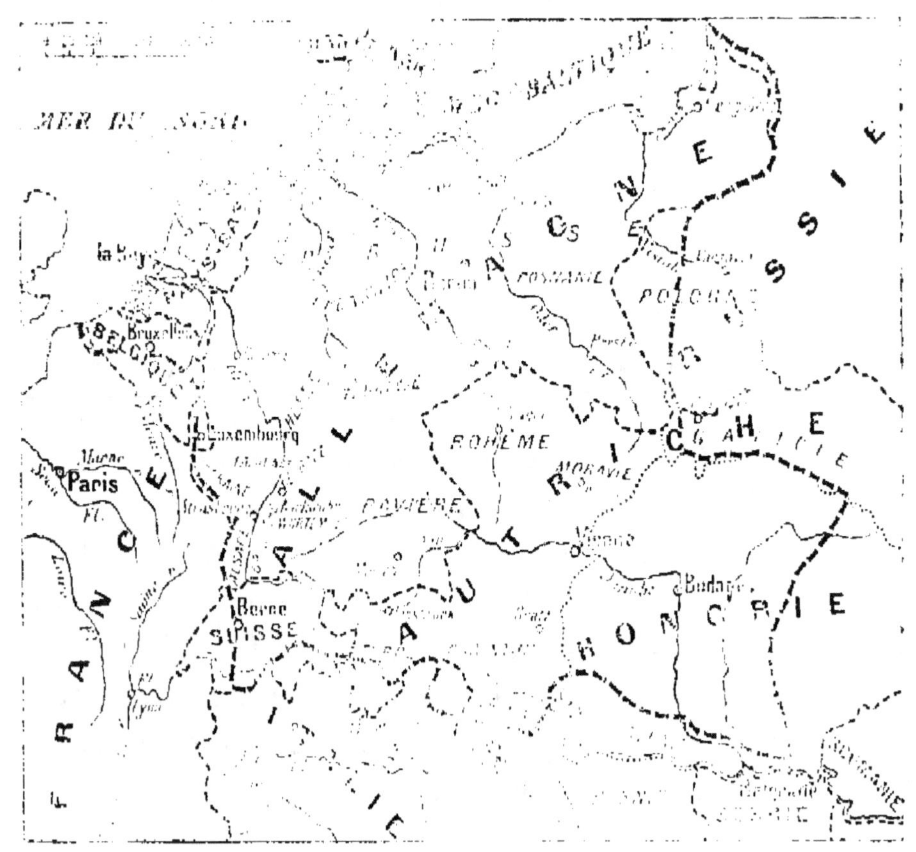

V. la carte-document à la fin du volume.

LIMITES DE LA « GRANDE CONFÉDÉRATION GERMANIQUE »
REPORTÉES SUR LA CARTE POLITIQUE D'EUROPE.

Cliché de l'*Illustration.*

II

Les territoires occupés et les déclarations allemandes.

Il est curieux de constater que la partie centrale du front oriental de l'armée allemande en Pologne, sur lequel elle s'est très puissamment retranchée, correspond fort sensiblement à la future frontière de la Confédération, prévue par la carte-document. Par contre, à l'ouest, les Allemands détiennent déjà beaucoup plus de territoires que ceux qu'ils comptaient jadis annexer. Le soin qu'ils mettent non seulement à se fortifier, mais à s'organiser en Belgique et en France, ainsi que les déclarations tendancieuses déjà faites par des personnalités allemandes importantes ou autorisées, prouvent que les prétentions allemandes sont, au moins dans leurs paroles calculées, — car il faut toujours demander plus pour avoir moins — encore sensiblement plus étendues que celles des pangermanistes d'il y a vingt ans.

« Le but de l'Allemagne, reconnaît Harden, est de hisser le pavillon de tempête de l'empire sur les rives de l'étroit canal qui est la porte de l'Atlantique... *Nous resterons en Belgique et nous y ajouterons l'étroite bande de territoire qui prolonge ses côtes jusqu'à Calais. Cela fait, nous mettrons volontairement fin à la guerre dont nous n'avons plus rien à attendre, contents d'avoir vengé notre honneur* ». (Voir *Le Temps*, 20 novembre 1914).

Quant au professeur allemand Ostwald, lauréat du prix Nobel pour la chimie, il a déclaré, en novembre 1914, dans une interview donnée au *Dagen* de Stockholm : « A l'est, l'Allemagne créera une confédération d'Etats, une sorte de confédération baltique qui comprendra les Etats scandinaves, la Finlande et les provinces baltiques. Finalement, on arrachera la Pologne à la Russie et on en fera un Etat indépendant. Je crois le moment venu de remanier la carte d'Europe. » (Voir *Le Temps*, 26 novembre 1914).

M. Dernburg, ancien sous-secrétaire d'Etat de l'empire d'Allemagne pour les Colonies, actuellement agent financier de Guillaume II aux Etats-Unis, a exposé ainsi en décembre, les conditions de paix de l'Allemagne : « Pour des raisons militaires, elle fera de légères corrections de frontières et occupera ceux des territoires limitrophes qui ont été reconnus constituer un point faible dans l'armature allemande... Géographiquement, la Belgique appartient à l'empire d'Allemagne. On n'annexera pas la Belgique, *mais elle sera placée dans une situation telle, que ses ports seront mis en tout temps à l'abri d'une invasion anglaise ou française.»* (Cité par *Le Temps*, 6 et 25 décembre 1914).

M. Kaempf, président du Reichstag, a déclaré dans le *Tageblatt* de Berlin, en décembre également : « Nous devons nous assurer pour plusieurs générations les moyens de nous livrer sans entrave, sur terre et sur mer, aux travaux qui seuls peuvent permettre à un peuple aussi puissant que l'empire allemand, de remplir sa tâche civilisatrice ». (Cité par *Le Temps*, 29 décembre 1914).

Quant à M. Dietrich Schæfer, l'historien allemand bien connu, dans la revue *Panther*, il assurait au début de février : « Il nous faut absolument étendre la sphère de notre puissance surtout vers l'est... L'immense force russe doit reculer derrière le Dnieper... *Alors, il sera possible de fonder sous la conduite de l'Allemagne et de l'Autriche-Hongrie réunies, du cap du Nord et jusqu'à la Méditerranée, une communauté d'États qui assurera à chacun de ses partisans l'existence et la paix* ». (Cité par l'*Information*, 5 février 1915).

Or, au commencement de février 1915, le

comte Tisza a discuté à Vienne, un projet d'union douanière entre l'Allemagne et l'Autriche-Hongrie.

III

La question d'Autriche.

D'autre part, il est déjà devenu parfaitement clair que c'est aux dépens de l'Autriche-Hongrie, dont elle se réserve la plus grande part, que l'Allemagne songe à faire les « concessions » qui lui permettraient de conclure sa « paix honorable ».

Le Matin du 31 janvier 1915, dans une de ses dépêches de Rome, a résumé ainsi l'état des rumeurs déjà diffusées à cette époque par Berlin : « *La Russie aurait la Galicie et la Bukovine et un pied sur les Carpathes, la Serbie prendrait la Bosnie, l'Herzégovine et la Croatie, l'Italie s'annexerait le Trentin, l'Istrie et la Dalmatie, la Roumanie arrondirait ses frontières du côté de la Transylvanie* ». Or, toutes ces amputations de la Monarchie des Habsbourg ainsi que les prétentions sur la Belgique et la confédération d'états réclamée par M. Schaefer et étudiée par le comte Tisza, sont exactement celles prévues il y a vingt ans, comme l'atteste notre document de 1895.

Nous arrivons donc bien à l'état de choses qu'on pouvait pressentir dès la période de tension, en raison de l'attitude de Berlin.

Qu'il me soit permis de citer ces lignes que j'écrivais dans l'*Intransigeant* du 1ᵉʳ août 1914, donc avant le commencement des hostilités, sous le titre : *L'autre Danger*, parce qu'elles expliquent l'infernale manœuvre que Berlin a faite aux dépens de Vienne.

« ... On peut envisager comme infiniment probables des échecs extrêmement graves des troupes de François-Joseph, susceptibles de déterminer un remaniement complet de la carte de l'Europe centrale.

« Dans ce cas, l'Allemagne ne manquerait pas de vouloir réaliser le fameux plan pangermaniste qui consiste à annexer les provinces allemandes de l'Autriche afin de s'étendre de Hambourg à Trieste... Voilà donc une éventualité qui nous menace comme conséquence du conflit austro-serbe. *Si on en comprend toute la gravité, on conçoit mieux pourquoi l'Allemagne demandant la localisation du conflit, ne fait rien pour retenir sur la pente fatale le gouvernement de Vienne qui, en réalité, prépare peut-être par la folie de son agression le suicide de l'empire des Habsbourg, dont l'Allemagne dans ce cas recueillerait la partie occidentale. Si l'on suppose l'abstention de la France et de l'Angleterre, l'Allemagne joue à qui perd gagne. Si la Monarchie des Habsbourg est victorieuse, l'hégémonie allemande y est consolidée ; si les soldats de François-Joseph sont battus, c'est la question d'Autriche qui se pose ».*

Or, comprenons-le bien, la « question d'Autriche » non seulement est posée, mais elle est d'ores et déjà virtuellement résolue au point de vue allemand. L'Autriche-Hongrie est, en effet, depuis plusieurs mois, entre les mains de Guillaume II, toutes les troupes de François-Joseph étant sous les ordres du grand état-major de Berlin. C'est l'Allemagne qui a empêché Vienne, qui l'a un moment voulu, de conclure une paix séparée, car Berlin veut se ménager d'opérer le moment venu, aux dépens de la Monarchie des Habsbourg, les cessions préparées depuis si longtemps, afin de réaliser le plan de Hambourg à Trieste. François-Joseph a tenté de résister à ce morcellement de son empire, mais, en fait, il ne compte guère. Quant à son héritier, l'archiduc Charles-François-Joseph, il n'a d'autre importance que celle d'un futur prince confédéré. Tout le jeu se règle désormais entre Berlin et Budapest, entre le Kaiser et le comte Tisza, dont les pouvoirs viennent d'être étendus au point de correspondre à ceux du chancelier allemand.

Les alliés doivent se pénétrer de cette conviction que les effectifs allemands envoyés en Hongrie et en Autriche, sur tous les points essentiels, ne sont pas seulement des mesures de défense contre les ennemis de l'empire allemand et de celui des Habsbourg; ils assurent aussi le maintien de la prise de possession de ce dernier par l'Allemagne.

Le fait accompli, à cet égard, est suffisamment réalisé pour que les pangermanistes n'hésitent plus à proclamer leurs prétentions aux dépens de leur alliée. En décembre 1914, l'un d'eux, Rudolph Theuden, dans une étude publiée à Berlin, sous le titre : « Que nous rapportera la guerre? » déclarait notamment : « La frontière allemande doit s'étendre demain jusqu'à l'Adriatique ». Le jeu du Kaiser est devenu évident. « La mise à l'écart de l'Autriche, constatait le *Secolo*, est commencée depuis que l'Allemagne est en train de prendre l'administration de la maison menacée de faillite, *vu que l'Allemagne se considère comme créancière privilégiée.... L'Autriche est sur le point de disparaître derrière l'Allemagne* ». (Cité par *Le Temps*, 12 février 1915).

IV

Les menaces et les séductions allemandes
à l'égard de l'Italie.

Pour immobiliser l'Italie, Berlin a combiné la menace et la séduction. Le comte de Monts, ancien ambassadeur d'Allemagne à Rome, dans le *Berliner Tageblatt*, a déclaré, au début de février 1915, qu'un conflit entre l'Italie et l'Autriche ne saurait être localisé, que l'Italie par conséquent aurait affaire à l'armée allemande. En même temps, pour paralyser une action éventuelle italienne, les innombrables agents allemands disséminés dans la péninsule, se sont ingéniés à « provoquer des querelles et des divisions dans l'opinion et les milieux politiques italiens ». (Voir *Le Temps*, 4 février, 1915).

Aucune occasion n'a été perdue par les agents germaniques. Ils ont notamment utilisé avec un art consommé le renchérissement du pain qui a été, en Italie, une conséquence évidemment fort pénible de la guerre déchaînée par les Allemands et de la fermeture des Dardanelles.

Le *Giornale d'Italia* a dit très énergiquement à propos de ces manœuvres :

« Il est clair que des éléments troubles se sont emparés du renchérissement du grain pour exciter la population à sortir de la loi, pour lui inculquer des sentiments antinationaux, pour organiser, en somme, un mouvement séditieux, propre à affaiblir la solide unité du pays. Les agitateurs profitent du renchérissement du pain mais ils visent plus loin; ils veulent menacer la paix sociale, tendant à limiter la liberté d'action de l'Etat dans les difficiles évènements internationaux actuels ; *ils prennent pour thème le blé, mais ils parlent surtout contre la guerre que l'Italie pourrait être forcée de faire pour sauvegarder son propre prestige et ses propres intérêts. Ils cherchent à créer dans le pays une situation dont, seuls, les ennemis de l'Italie, pourraient être satisfaits...* » (Cité par *Le Temps*, 8 mars 1915).

Cette tactique d'intimidation avait pour objet de favoriser le jeu de M. de Bulow à Rome, dont la mission a consisté essentiellement à persuader au gouvernement de Rome : « Restez au moins neutres et vous gagnerez le Trentin sans risques et sans frais, et peut-être plus encore ». On a prétendu, en effet, que pour gagner l'Italie coûte que coûte, l'Allemagne irait même jusqu'à lui céder Trieste. M. Giolitti est l'homme d'état italien qui a écouté ces suggestions avec une particulière faveur. Il a tout fait pour neutraliser le courant interventionniste italien et gagner à ses vues le président du conseil M. Salandra. Vienne, naturellement, ne s'est pas montrée disposée à subir bénévolement cette amputation volontaire de la monarchie des Habsbourg, mais devant cette résistance toute la presse allemande s'est mise à demander impérieusement à l'Autriche de faire des concessions à l'Italie. *La Frankfurter Zeitung* (citée par *Le Temps*, 9 mars 1915), a déclaré sans ambages :

« La demande de Trente et de Trieste est aujourd'hui un postulat commun à la grande majorité du peuple italien; ni le gouvernement actuel, ni tout autre gouvernement ne parviendraient à l'y faire renoncer. Mais, la demande souffrirait certains accommodements. Si on ne lui donne rien, l'Italie fera la guerre, mais elle ne suivrait pas le gouvernement qui voudrait faire la guerre, parce qu'on ne lui donne pas tout ce qu'il demande. La cession du Trentin et la frontière portée à l'Isonzo satisferaient les aspirations nationales de l'Italie, assureraient sa neutralité, rendraient possibles à l'avenir des rapports amicaux avec les puissances centrales.

« Jusqu'ici, Rome n'a fait officiellement aucune demande et Vienne ne s'est pas déclarée disposée à des cessions de territoire. Les convenances diplomatiques font obstacle aux négociations, *mais elles devront plier sous la pression de la nécessité, toujours plus urgente. La situation deviendrait beaucoup plus grave, si l'Autriche considérait la question au point de vue de l'honneur et du droit, au lieu de la considérer au point de vue de l'opportunité et de la nécessité politique.*

« La question du Trentin, qui fut longtemps un idéal historique, national et ethnique est devenue aujourd'hui une question de puissance. La guerre européenne a placé l'Italie dans la situation de pouvoir faire usage de sa puissance pour élargir ses frontières. Cela n'est pas nouveau dans l'Histoire lorsqu'on a la force et la volonté. Et l'Italie, qui les possède, est décidée à en faire usage ».

Avec une sérénité également cynique, l'organe du parti socialiste allemand le *Vorwaerts*, pour contribuer lui aussi à faire pression sur Vienne en faveur des conceptions impérialistes berlinoises, a ajouté :

« Quel que soit le jugement que l'on puisse porter sur le côté moral de la chose, la pression de la situation politique est plus forte que toutes les autres considérations ». (Cité par *Le Temps*, 13 mars 1915).

Après cette violente campagne de presse, M. de Bulow a brulé ses vaisseaux et fait ouvertement à l'Italie, aux dépens de l'Autriche, les propositions de cessions de territoires, qui sont strictement conformes à celles prévues par le plan pangermaniste.

V

Les tentatives de paix avec la Serbie.

C'est encore la création admise, en principe, il y a vingt ans, par les Pangermanistes, d'une *Grande-Serbie*, d'ailleurs sous les réserves d'hégémonie prussienne plus haut exposées (voir p. 70), qui contribue à expliquer les propositions de paix séparée, qui furent faites à deux reprises, en novembre 1914, à la Serbie par Vienne, évidemment avec l'assentiment de Berlin, en utilisant l'intermédiaire d'Athènes et de Bucarest.

Après avoir constaté que la Serbie était une noix trop dure pour pouvoir être écrasée, les

meneurs germains ont ainsi tenté de la faire
sortir de la coalition en lui assurant une partie
au moins des avantages virtuellement compati-
bles avec le plan pangermaniste. Devant la fidélité inébranlable de la Serbie à la Triple-Entente,
ces tentatives ont échoué, mais il est cependant intéressant de constater qu'elles ont été
faites, puisque depuis longtemps elles faisaient
partie du plan général de l'action allemande.

VI

Les intrigues allemandes à Bucarest.

A l'égard de la Roumanie les manœuvres allemandes ont été au moins aussi complètes et
caractéristiques, que celles exécutées en Italie.
Pour comprendre les alternatives d'échecs et de
succès de la diplomatie berlinoise à Bucarest,
il faut savoir ceci : les 7.500.000 habitants de la
Roumanie sont pour les 5/6 des paysans ayant
bien une opinion et des préférences, mais en raison des conditions d'application du régime élec-
toral très primitif de la Roumanie, la « masse »
roumaine n'exerce normalement qu'une faible

influence sur la direction extérieure du pays; celle-ci est déterminée surtout par les classes dirigeantes, formées de quelques milliers seulement de grands propriétaires, parmi lesquels se trouvent à la fois des partisans de la Triple-Entente et des germanophiles. A la vérité, ces derniers sont les moins nombreux, mais leur action est puissamment renforcée par le fait, d'une part, que presque tous les grands établissements financiers roumains sont entre les mains des Allemands et, d'autre part, que les rois de Roumanie appartiennent à la famille des Hohenzollern.

Or, l'opinion publique roumaine populaire, violemment passionnée par les souffrances des 3 millions de frères roumains de Transylvanie, est, dans son ensemble, favorable à une intervention contre l'Autriche-Hongrie, aux côtés des alliés. Sa sympathie dominante est certainement pour la France et pour l'Angleterre. Des hommes politiques roumains importants ont appuyé, dès le début du conflit européen, cette orientation avec la plus grande énergie. M. Take Jonesco, qui a si grandement servi les intérêts de son pays pendant les guerres balkaniques, a pris la tête de ceux-ci. Le 9 décembre 1914, il déclarait :

« La victoire de l'Allemagne serait pour un siècle, non seulement le triomphe du germanisme intolérant et impitoyable pour les autres races, mais aussi le triomphe du despotisme politique et l'absorption des petits Etats dans l'Empire allemand, sous une forme ou sous une autre.

« *Dans une pareille crise, toute nation restant hors de la lutte commet un suicide moral d'abord, un suicide politique et économique ensuite.*

« *La nation roumaine, latine par ses origines, démocratique et libérale par la culture qu'elle a puisée en France, ne doit pas commettre un pareil crime.* » (V. *Le Matin*, 11 décembre 1914).

A l'époque à laquelle M. Take Jonesco formula cette opinion, elle était partagée par le grand public roumain, au point que celui-ci faillit imposer sa volonté d'action au gouvernement de Bucarest. Ce dernier semblait si bien avoir pris son parti dans le sens de la guerre contre l'Autriche-Hongrie, que le 9 janvier 1915, dans un banquet organisé à Paris, à l'hôtel Lutetia, par le comité franco-roumain, M. le Dr J. Cantacuzène et M. Diamandy, prononcèrent des discours qui, *en raison de la présence officielle et évidemment approbative de M. Lahovary, minis-*

tre de Roumanie en France, équivalaient si nettement à une adhésion de la Roumanie à la Triple-Entente, que cette manifestation fut enregistrée avec cette importance par *Le Temps* du 11 janvier 1915.

Mais, depuis cette époque, l'attitude du gouvernement de Bucarest s'est très notablement modifiée. C'est que Berlin a joué auprès de lui un jeu séducteur analogue à celui tenté simultanément à Rome. Exploitant très habilement le recul momentané des troupes russes en Pologne, en Bukovine et dans le nord de la Hongrie, les agents de Guillaume II ont tâché de persuader aux dirigeants de Bucarest, que les armées du Tsar étaient à bout de souffle, de cadres et de munitions, que par conséquent la Roumanie ferait la plus grande des fautes en se compromettant du côté moscovite alors que, si elle voulait s'entendre avec l'Allemagne, grâce à celle-ci, elle acquérerait la Transylvanie aux dépens de l'Autriche-Hongrie, par des procédés analogues à ceux qui assureraient le Trentin à l'Italie.

Or, des hommes politiques roumains germanophiles ont prêté une oreille d'autant plus complaisante aux suggestions berlinoises, que, depuis longtemps déjà, en vue d'obtenir la Transylvanie sans guerre, aux dépens de l'Autriche-

Hongrie, ils avaient fait secrètement leur jeu avec les pangermanistes de Berlin.

Au début de février 1915, l'*Adeverul* de Bucarest a démasqué les plus notoires de ces germanophiles, en publiant les déclarations faites par MM. Carp et Marghiloman, à un correspondant de journal magyar. M. Carp aurait dit : « Ma ferme conviction est que la victoire finale ne saurait être que du côté des puissances centrales. » M. Marghiloman aurait constaté « que la supériorité de l'Allemagne serait le seul fait positif qui ait été confirmé jusqu'à présent par la conflagration générale ».

« Au sujet des velléités belliqueuses en Roumanie, M. Marghiloman considère qu'elles ne comportent point une grande importance et croit que le roi Ferdinand ne se laissera pas influencer par les facteurs irresponsables sur ce qui touche à la neutralité du pays ». (Cité par *l'Echo de Bulgarie*, 21/3 février 1915.)

D'autre part, *L'Indépendance Roumaine*, du 22 janvier/4 février 1915, *organe officieux du parti libéral actuellement au pouvoir*, tout en protestant contre les efforts des Roumains qui conseillent une intervention armée, citait, avec une insistance particulière, ces paroles de M. Giolitti :

« Il se pourrait, et il ne paraîtrait pas impro-
bable, que dans les conditions actuelles de
l'Europe, on puisse obtenir plusieurs choses
sans une guerre, *mais sur cela celui qui n'est
pas au gouvernement n'a pas les éléments pour
un jugement complet* ».

Et *L'Indépendance Roumaine* faisait ce com-
mentaire particulièrement intéressant, — en raison de ses inspirations gouvernementales, —
de ces paroles de l'homme d'Etat italien :

« *Nous nous permettons de recommander les
lignes ci-dessus aux méditations des directeurs
de* l'Epoca, *car elles ont d'autant plus de prix
qu'elles émanent d'un des hommes politiques les
plus éminents d'un pays* DONT LES INTÉRÊTS PRÉ-
SENTENT LA PLUS GRANDE ANALOGIE AVEC LES
NÔTRES ».

Toujours dans la même période, afin, confor-
mément à la méthode prussienne, d'appuyer à
Bucarest par des menaces ses suggestions cap-
tieuses, Guillaume II a envoyé de nombreuses
troupes allemandes dans le sud-est de la Hongrie,
sur la frontière roumaine. On ne saurait nier que
sous l'action combinée de la concentration des
troupes austro-allemandes, non loin des Portes
de Fer, et des offres berlinoises, l'attitude du
gouvernement de Bucarest est devenue plus que

réservée à l'égard de la Triple-Entente. *L'Echo de Bulgarie* (24/6 février 1915), constatait avec satisfaction cette situation nouvelle : « En Roumanie, la fièvre belliqueuse a presque disparu ». D'autre part, il est devenu incontestable que le gouvernement de Bucarest s'est rapproché de l'Allemagne au point de faire fléchir en faveur de la politique berlinoise, les règles de la neutralité roumaine. En effet, le 28 janvier (V. S.) 1915 M. A. C. Couza, député roumain, qui joue les enfants terribles, interpellant le cabinet Bratiano a constaté : « En fournissant des denrées à l'Allemagne nous avons favorisé le prolongement de la guerre, car l'Allemagne ne peut être réduite que par voie économique. *Malgré notre neutralité, nous avons laissé passer des armes pour la Turquie.* » (V. *L'Indépendance Roumaine*, 30 janvier/12 février 1915).

Autre symptôme à retenir de la froideur, au moins momentanée, du gouvernement roumain à l'égard de la Triple-Entente. Vers la fin de 1914, alors qu'il était à peu près décidé à se déclarer contre l'Autriche-Hongrie, le cabinet de Bucarest avait contracté un emprunt à Londres. Or, lorsque le gouvernement roumain se trouva, peu après, gêné par cette orientation trop nette vers la Triple-Entente, l'agence officieuse roumaine, publia une note pour expliquer que l'emprunt n'avait aucune importance politique, qu'il ne s'agissait, après tout, que du prêt insignifiant d'une dizaine de millions seulement.

Cette attitude du gouvernement de Bucarest a exaspéré les Roumains partisans déterminés d'une intervention contre l'Autriche-Hongrie. Ces quelques lignes de l'*Adeverul* (citées par l'*Echo de Bulgarie*, 14/27 janvier 1915), donnent une idée des polémiques qui ont eu lieu en Roumanie.

« Il serait naïf de croire que Bratiano fera la guerre. Au contraire, la réponse à cette question est catégoriquement négative. C'est en vain que les partisans de notre unité nationale s'illusionnent. Bratiano joue avec la politique extérieure. Il égare tout le monde, cherchant à gagner du temps pour nous conduire à un point mort lorsqu'il pourra dire « non possumus ».

« Les arguments sont nombreux. Ainsi, chaque fois que Bratiano est acculé, on le voit répondre qu'il n'a pas encore réglé la question avec les Bulgares et que nous ne pourrons combattre sans avoir les Bulgares dans le dos. Chantage et rien de plus. Bratiano ne désire pas négocier avec les Bulgares. Au fond, nous n'avons pas à négocier avec ces derniers, du moment que la Russie nous avance toutes les garanties de ce côté. Cependant, Bratiano désire laisser ouverte cette question pour pouvoir paralyser l'action militaire du pays ».

Ce qui est en tous cas certain, c'est que pour justifier la modification de son attitude, le gouvernement de Bucarest a brusquement affecté d'être très inquiet sur le sort des Détroits, menacés de tomber aux mains de la Russie. *L'Indépendance Roumaine* (24 janvier/6 février 1915), a commenté avec une particulière insistance, le passage d'un tout récent volume de M. Vintila Bratiano, personnage bien connu et d'autant plus influent qu'il est le frère de l'actuel président du Conseil roumain. Ce passage extrait de « Pour la Conscience Nationale » est celui dans lequel M. V. Bratiano a déclaré :

« Les intérêts qui se rattachent au Danube, doivent être assurés de telle manière que l'État détenteur des bouches de ce fleuve ne soit pas entravé dans son action d'intérêt général »...

« La question des Dardanelles, à laquelle s'inresse tout particulièrement un État voisin puissant, la Russie, est d'essence européenne. Notre intérêt est que cette question, tout comme celle de la mer Noire, ne soit pas résolue d'une manière unilatérale par l'influence d'une seule puissance, mais qu'on lui garde son caractère européen, comme ce fut le cas, pour le Danube, par la Commission instituée à ses bouches.

« *Nous ne saurions donc voir d'un mauvais œil l'immixtion de l'Autriche-Hongrie dans la solution définitive du problème des Détroits, en tant que cette convention serait parallèle à celle de l'Allemagne, de l'Angleterre, de la France ou de l'Italie* ».

Et *L'Indépendance Roumaine* concluait à propos de ces considérations qui, comme on voit, envisagent comme indésirable la défaite complète de l'Autriche-Allemagne :

« A un moment où la Roumanie est ardemment sollicitée par chaque camp belligérant de participer à la formidable mêlée, *où nous sommes comblés de promesses*, où à côté des interventionnistes pressés, dont nous parlions tout à l'heure, il y a à consigner des émotions nationales profondes et légitimes, il était opportun de rappeler les deux conditions d'existence de la Roumanie indépendante, celles qui dominent tout le reste. *Aucun agrandissement territorial ne saurait compenser une perte, un amoindrissement sous les deux rapports ci-dessus.*

« Ayons soin, dit M. V. Bratiano, que notre action et nos intérêts ne passent pas sous la tutelle d'une seule puissance, quelle qu'elle soit.

« Nous avons trop souffert de l'inféodation de notre politique dans le passé, pour recommencer une expérience dans la même voie ».

Et l'organe officieux du parti roumain actuellement au pouvoir terminait ainsi :

« Il ne faut pas que nous redevenions « la sphère d'influence » d'un puissant voisin quelconque ».

Des déclarations analogues furent multipliées dans la presse officieuse roumaine, avec tan d'insistance, qu'un moment on put penser que loin de s'engager du côté de la Triple-Entente, le gouvernement de Bucarest était même susceptible de prendre parti pour l'Allemagne, contre la Russie. Aussi, vers le 20 février 1915, pour calmer les appréhensions roumaines, M. Sazonoff dut-il donner au gouvernement de Bucarest l'assurance qu'en tout état de cause les intérêts économiques de la Roumanie seraient sauvegardés.

En présence de cette série de faits et de ces variations d'attitude, on ne peut pas douter que, s'il y a à Rome des hommes politiques qui envisagent volontiers la cession sans guerre du Trentin à l'Italie, il en est également à Bucarest qui.considèrent comme possible d'obtenir, grâce à Berlin, la Transylvanie sans tirer l'épée.

Or, il suffit de se reporter à notre carte-document pour constater que ces manœuvres berlinoises sont encore strictement conformes à celles prévues à l'égard de la Roumanie par le plan pangermaniste établi il y a vingt ans.

Ne résulte-t-il donc pas très nettement de cet ensemble que l'Allemagne, escomptant la lassitude que pourrait provoquer chez les alliés la longueur de la guerre, croyant à la possibilité d'immobiliser la Roumanie et l'Italie en leur cédant ce qu'elles convoitent, travaille non seulement à se garantir d'une défaite totale, mais à profiter de l'impuissance de l'Autriche-Hongrie à se dégager désormais de l'étreinte berlinoise, pour constituer au cœur de l'Europe la Confédération qui, depuis si longtemps, dans l'esprit des meneurs de l'Allemagne, est destinée à devenir la forteresse centrale du Pangermanisme?

Ne conservons aucune illusion. La paix honorable que veut l'Allemagne, c'est « celle qui lui donnerait de nouvelles terres pour se développer » (V. déclarations de Harden au journaliste américain Andrews Juley, février 1915). « Les

débats de la commission du Landtag de Prusse
ont prouvé nettement, a constaté lui-même le
Vorwaerts du 28 février 1915, que les conser-
vateurs allemands ne veulent la suppression de
la censure, que pour faire de l'agitation en vue
des annexions territoriales » (Cité par *Le Temps*,
3 mars 1915).

Ce qu'il faut, en outre, aux Allemands c'est
l'écrasement de la France. « Nous devons, a
expliqué le professeur H. Vogt, dans la *Gazette
de Cologne*, conquérir une paix qui nous donne
une sécurité définitive. *Il faut donc que la
France soit mise hors d'état de jamais reprendre
la lutte* ». (Cité par *Le Matin*, 3 mars 1915).

Or, l'un des moyens les plus certains de dominer les alliés, une fois écrasés, c'est de leur faire
supporter le poids d'une écrasante indemnité de
guerre. Constatons comment le baron de Zedlitz-
Neukirch, membre très notable du Landtag de
Prusse, représentatif de l'opinion de la plupart
des grands propriétaires fonciers, des grands
industriels et grands commerçants allemands,
comprend cette indemnité.

« Quand même nous parviendrions, par un
emploi impitoyable de tous les moyens les plus
efficaces, a nous assurer prochainement une
entière victoire et à abréger ainsi la guerre, le

total des indemnités de guerre et de pertes atteindra une hauteur presque fabuleuse.

« *Mais ce simple relevé des sommes n'est que le premier pas à faire.* La simple répartition de ces sommes sur nos adversaires offrira des difficultés énormes, vu le nombre de ces adversaires et leurs ressources économiques. Et la tâche est loin encore d'être terminée là. *Les égards pour ces adversaires ne devront certainement pas influer sur notre ligne de conduite; celle-ci sera, au contraire, déterminée par nos intérêts seuls.* Cependant ces intérêts ne seront avancés en rien si l'on impose à l'ennemi des obligations qu'il est hors d'état d'accomplir. En jetant un regard sur la situation financière de nos adversaires, nous verrons sans peine, qu'à l'exception de l'Angleterre, nous ne pourrons pas aller trop loin dans nos espérances. Nous avons un intérêt vital a ce que le développement économique de l'Allemagne reprenne dans toute son étendue après la guerre : affaiblir nos adversaires d'aujourd'hui outre mesure, les « saigner à blanc » comme disait Bismarck, ne servirait donc nullement nos intérêts commerciaux et il se pourrait bien qu'on renonçât à exiger une contribution de guerre abordable, à tel ou tel ennemi. Cette simple allusion suffira à faire comprendre combien seront délicates la juste fixation et l'équitable répartition de l'indemnité à payer.

« Nous ne sommes pas encore au bout de la tâche. *La situation financière de nos adversaires, nous montre qu'il sera impossible d'exiger la restitution entière de nos dépenses et de nos pertes en valeurs escomptables. Comme d'un autre côté il n'y a rien qui puisse nous engager à renoncer à cette restitution pleine et entière, il faudra nécessairement l'obtenir sous une autre forme.* La corrélation intime des finances de l'empire avec notre vie économique nous montre le chemin. *La restitution en argent devra être remplacée par certains avantages économiques propres à relever notre richesse nationale. Cela se fera par des traités de commerce avantageux, des concessions de mines et de chemins de fer, etc.*

« *En dehors de cela, il faudra des acquisitions territoriales. Les gisements métallurgiques de la Lorraine française et de la Pologne russe sont, à un certain degré le complément de nos propres exploitations minières.*

« On pourra rappeler encore nos besoins de matières premières et de colonies qui nous les fourniront et la nécessité d'ouvrir un champ à notre travail civilisateur. Trouver, en tout cela la solution juste et utile, c'est certainement une tâche digne des plus nobles efforts ».

La situation qui serait faite aux vaincus par l'aboutissement de la paix allemande, comme suite de l'application du plan pangermaniste, peut se définir par un seul mot : esclavage.

CHAPITRE V

A QUOI SE HEURTE LE PLAN ALLEMAND

I. La ténacité et la loyauté de la Russie. — II. Le bon sens et l'intérêt de la Roumanie.— III. La fidélité serbe.— IV. La finesse italienne. — V. La nécessité pour la Suisse et la Hollande d'assurer leur existence. — VI. L'impossibilité pour l'Angleterre et la France d'accepter une extension pangermaniste de l'Allemagne.

Prenons maintenant les choses au point où elles en sont et constatons à quels obstacles se heurtent les formidables et insidieuses manœuvres pangermanistes qui viennent d'être exposées.

I

La ténacité et la loyauté de la Russie.

L'espoir que la Russie fera une paix séparée est une preuve nouvelle de l'aberration berlinoise. Il constitue la plus cruelle des injures envers le gouvernement de Pétrograd, puisqu'il suppose de sa part toute une série de trahisons : trahison de l'accord du 4 septembre 1914 entre les alliés s'engageant à ne pas faire de paix séparée ; trahison envers les Polonais auxquels le grand-duc Nicolas, représentant le Tsar, a promis solennellement la reconstitution de tout le Royaume de Pologne ; trahison envers le Slavisme, puisque l'acceptation des combinaisons allemandes aurait pour résultat de sacrifier au germanisme :

```
6.500.000  Tchèques,
2.000.000  Slovaques,
  500.000  Ruthènes,
2.000.000  de Slovènes et de Serbo-Croates
           d'Autriche,
```
Soit : 11.000.000 de Slaves actuellement encore sujets de François-Joseph.

Le comte de Witte, sur lequel comptaient surtout les Allemands pour amener la Russie à conclure avec eux la paix séparée vient de mourir à Pétrograd le 12 mars 1915, mais d'ailleurs dès le 9 février 1915, M. Sazonoff avait mis fin à l'insultante espérance allemande en déclarant devant la Douma : « Il résulte de cette entente que la Russie et ses alliés ont organisé la lutte contre l'Allemagne, avec la résolution de la mener définitivement à bonne fin. » Il faut qu'à Berlin on en prenne son parti, le Tsar et le peuple russe feront la guerre jusqu'au bout, car ils comprennent la nécessité moscovite impérieuse, d'en finir une bonne fois, avec le péril du germanisme prussien.

II

Le bon sens et l'intérêt de la Roumanie.

Quant à la Roumanie, peut-elle être dupe de l'intimidation ou des suggestions allemandes? Les tendances à s'accorder avec Berlin plus haut signalées triompheront-elles? Pour qu'il en soit finalement ainsi, il faudrait admettre qu'à Bucarest on ne concevrait pas la nécessité roumaine de contribuer à détruire le militarisme prussien qui, s'il arrivait à s'étendre encore sur l'Autriche et la plus grande partie de la Hongrie actuelle, constituerait un voisinage intolérable pour la Roumanie. D'ailleurs comme on l'a vu, dans la conception pangermaniste, la Grande-Roumanie est considérée comme devant être un débouché réservé aux exportations allemandes. Les Roumains devraient donc renoncer à se créer une industrie nationale, ce qu'ils désirent cependant au plus haut point. Enfin, la Roumanie, en présence des violences que subissent les frères roumains de Transylvanie, est emportée par un mouvement national profond, qui semble devoir triompher du groupe germanophile de Bucarest.

Après les déclarations multiples faites par de nombreuses personnalités roumaines, notamment à Bucarest, par MM. Take Jonesco, N. Filipesco, et à Paris publiquement par M. le Dr J. Cantacuzène et Diamandy, *en présence de M. Lahovary, ministre de Roumanie en France,* la Roumanie après l'emprunt qu'elle a contracté à Londres à la fin de 1914, et qui, sans folie, ne peut vraiment pas songer à se mettre en opposition directe avec la Russie, semble donc avoir un ensemble de raisons péremptoires concordantes pour intervenir finalement aux côtés de la Triple-Entente. Selon l'heureuse formule de M. Gradistcheano, exprimée le 25 janvier à Bucarest. « La Roumanie ne peut choisir que la route de l'honneur. » Ce sera en même temps, pour elle aussi, celle des durables profits.

III

La fidélité serbe.

En ce qui concerne la Serbie, aucun doute ne peut s'élever, puisque le gouvernement de Belgrade, en dépit de l'énormité de ses épreuves et de ses efforts, a témoigné de sa complète fidélité à la Triple-Entente en repoussant, par deux fois déjà, de faire une paix séparée avec l'Autriche-Allemagne. Le peuple serbe tout entier avec une clairvoyance égale à sa bravoure comprend d'ailleurs d'une façon parfaite que son avenir ne peut être assuré que par la défaite totale du germanisme oppresseur.

IV

La finesse italienne.

La souplesse et l'insistance de M. de Bulow rend le cas de l'Italie plus délicat. Mais peut-on admettre que la finesse romaine se laissera prendre à l'appât grossier de la cession du Trentin et même de Trieste, si l'Allemagne devant la gravité croissante de sa situation finissait par faire au gouvernement cette concession énorme en apparence? En la supposant réalisée, les Italiens pourraient-ils douter que le jour où la Confédération germanique s'étendrait au Nord tout près de Trieste, elle n'aurait pas pour objectif de reprendre cette ville à la première occasion, afin de réaliser l'idée fixe des pangermanistes : de Hambourg à Trieste.

La possession de ce port sur l'Adriatique obsède les Allemands depuis bien longtemps. Déjà en 1853, Paul de Lagarde (Voir p. 14) affirmait :

« L'acquisition de Trieste est une question vitale pour l'Allemagne... Même si tous les Italiens se ruaient contre nous, jamais cette place ne devrait tomber entre leurs mains ».

« Triest zu besitzen für Deutschland eine Lebensfrage ist... wenn alle Italiäner zusammen gegen uns stürmen, diesen Hafen dürfen sie niemals in die Hände bekommen ». (V. Paul de Lagarde, *Deutsche Schriften*, p. 29. Dieterich, Göttingen, 1892).

A la suite de l'intense propagande pangermaniste qui a été faite depuis 20 ans, les Allemands aujourd'hui sont convaincus que Trieste étant la porte commerciale naturelle ouverte vers l'Orient et le canal de Suez, doit devenir fatalement un port allemand. (V. Dr Hasse, *Alldeutsche Blätter*, 1895, p. 137).

Les Allemands veulent Trieste tôt ou tard. Ils ne s'inquiètent pas un instant de la résistance italienne, lorsqu'ils n'auront à lutter que contre les troupes du roi Victor-Emmanuel.

« L'Italie, dit un des auteurs pangermanistes, est trop pauvre, manque trop de population, est trop inhabile à la guerre pour pouvoir être considérée comme une rivale. L'essayerait-elle qu'elle n'éviterait pas un échec analogue à ceux qu'elle a trouvés en Afrique et en Chine ».

« Italien ist zu arm, zu gering an Bevölkerungszahl, zu wenig kriegerisch tüchtig, um als Mitbewerber auftreten zu können; versucht er das, so bleibt der Misserfolg nicht aus, wie in Africa und China ». V. *Deutschland bei beginn der 20 Jahrhunderts*. (L'Allemagne au commencement du xxe siècle), p. 53, édité par La Librairie Militaire R. Félix, Berlin, 1900.

En présence d'un tel état d'esprit général, chez tous les Allemands, comment le gouvernement de Rome pourrait-il croire à une cession sérieuse de Trieste à l'Italie? Même si elle avait lieu actuellement, il ne pourrait s'agir pour l'Allemagne que d'un procédé désespéré pour éviter la catastrophe et pour gagner du temps.

V

La nécessité pour la Suisse et la Hollande d'assurer leur existence.

Quant à la Suisse et à la Hollande, averties par l'effroyable exemple de la Belgique, elles ne peuvent plus douter de leur absorption dans l'avenir, si le plan pangermaniste qui les menace si nettement se réalisait aujourd'hui, même partiellement. Ces deux Etats ne peuvent que comprendre, de plus en plus, que la cause des alliés est la meilleure et même l'unique garantie de leur existence.

VI

L'impossibilité pour l'Angleterre et la France d'accepter une extension pangermaniste de l'Allemagne.

Quant à la France et à l'Angleterre, leurs points de vue ne peuvent qu'être identiques, car si les tentatives du pangermanisme prussien aboutissaient, elles se trouveraient finalement en présence d'un état de choses encore plus intolérable pour elles qu'avant la guerre.

L'Angleterre ni la France ne peuvent admettre que 11 millions de Slaves d'Autriche *ardemment francophiles et anglophiles*, — les Tchèques surtout, — soient sacrifiés au Moloch prussien. Ni la France ni l'Angleterre ne peuvent tolérer une seconde qu'une parcelle de la Belgique reste à l'Allemagne. Même la cession de toute l'Alsace-Lorraine par l'Allemagne ne pourrait pas faire accepter à la France la constitution sur ses frontières d'un nouvel empire allemand agrandi, qui disposerait d'éléments directs de puissance beaucoup plus considérables encore que ceux de l'empire allemand, qu'il s'agit présentement de mettre hors d'état de nuire.

En effet, la France au lieu de se trouver en face d'une Allemagne de 70 millions d'habitants ayant pour alliée l'Autriche-Hongrie, dont les causes internes de faiblesse se répercutent dans la présente guerre sur le sort du meneur berlinois, la France aurait affaire à un Empire germanique englobant, *sur la seule base des prétentions minima présentes*, décelées à la fois par le plan pangermaniste d'il a vingt ans et des déclarations allemandes actuelles :

70 millions de l'empire allemand d'aujour-
d'hui,

12 millions d'Allemands d'Autriche-Hongrie,

8 millions 1/2 de Tchèques et de Slovaques,

10 millions de Magyars,

1 million et demi de Slovènes,

7 millions de Belges.

Soit au total une Confédération germanique d'environ 108 millions d'habitants qui, *Allemands ou non*, seraient tous, cette fois, soumis directement et sans restriction possible, à la direction organisatrice de ce barbare militarisme prussien dont la destruction est précisément l'objet essentiel de la guerre actuelle.

CONCLUSION

En présence d'aussi monstrueuses prétentions, bases de « la paix honorable » qu'espère
encore l'Allemagne, les alliés peuvent-ils vouloir
autre chose que la continuation de la guerre
jusqu'à la victoire péremptoire?

Seule, en effet, une victoire péremptoire peut
assurer à tous une paix durable, profitable, per-
mettant de réparer les ruines innombrables de
l'effroyable lutte, sans avoir l'écrasant souci de
la recommencer à brève échéance, — ce qui
serait la conséquence certaine d'une paix signée
avant que les alliés aient radicalement mis l'Allemagne des Hohenzollern hors d'état de nuire
dans l'avenir?

Cette nécessité est si évidente, si impérieuse,
que le gouvernement de Berlin doit perdre
l'illusion de tromper les alliés une fois de plus
en obtenant d'eux une paix prématurée. Au point
où en sont les choses, l'intérêt profondément

compris de leurs peuples commande aux gouvernements de Paris, de Londres et de Petrograd de pousser la guerre à fond aussi longtemps qu'il le faudra pour être assurés de ne pas avoir à la recommencer. *Cette considération doit primer toutes les autres, car elle est la plus humaine de toutes.*

Maintenant qu'à la suite de l'agression allemande les alliés, au prix de mille difficultés et d'énormes sacrifices, se sont organisés à leur tour, le plus difficile est fait et le grand péril est passé. Assurément, les pertes que les alliés devront encore subir seront cruelles, *mais elles seront considérablement inférieures, maintenant que notre machinerie militaire est mise au point et bien lancée, à celles qu'il faudrait éprouver s'il fallait recommencer l'effroyable lutte dans 4 ou 5 ans, après une nouvelle période d'armements à outrance qui, en empêchant la reprise d'une vie économique normale, rendrait à tous la vie intolérable.*

Si l'on tient compte de ce fait capital que les forces allemandes ne peuvent plus que diminuer, alors que celles des alliés croissent sans cesse, on se convaincra qu'*en durant* ceux-ci se rapprochent de plus en plus du moment où ils pourront dicter *toutes leurs conditions* à Berlin.

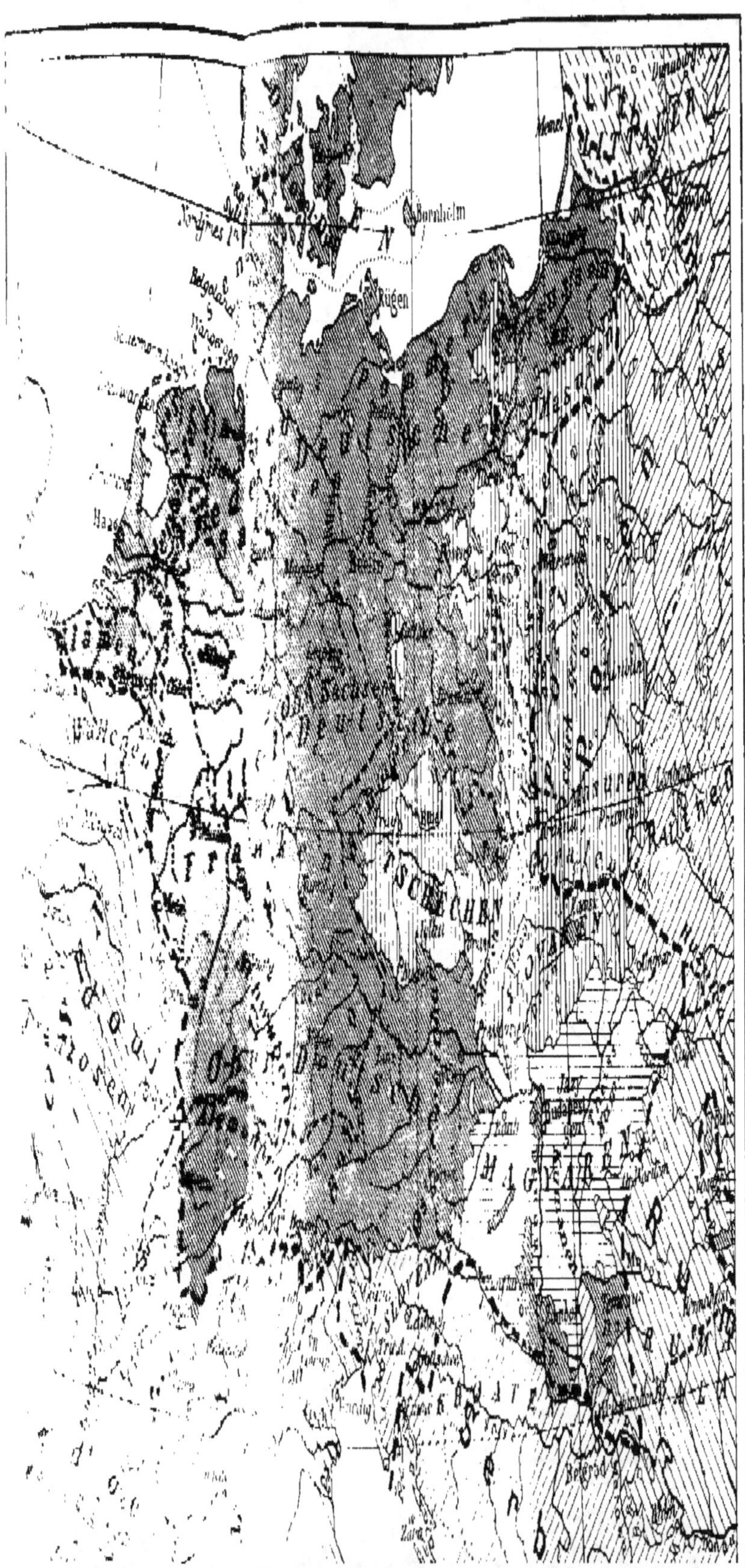

On peut donc justement dire : « *Désormais, un mois de guerre de plus équivaudra pour les alliés à dix ans de paix de plus, s'ils le veulent* ».

Le 22 décembre 1914, M. Viviani, Président du Conseil, a déclaré :

« .... *La France, d'accord avec ses alliés, n'abaissera ses armes qu'après avoir vengé le droit outragé, soudé pour toujours à la Patrie française les provinces qui lui furent ravies par la force, restauré l'héroïque Belgique dans la plénitude de sa vie matérielle et de son indépendance politique, brisé le militarisme prussien* ».

À elle seule, cette dernière condition, qui d'ailleurs résume toutes les autres, implique la nécessité d'une défaite totale de l'Allemagne, car il n'y a *qu'une paix imposée au cœur même de l'empire allemand qui soit capable de briser le militarisme prussien*, but capital de la guerre.

Le programme d'action de la France, ainsi tracé en termes positifs, excellents, par M. Viviani, doit être, en réalité, celui de tous ceux qui veulent une paix durable pour l'Europe et pour le Monde.

FIN

TABLE DES MATIÈRES

Chapitre I.

Origines et évolution du Pangermanisme. . . . 13

Chapitre II.

La théorie et les arguments pangermanistes . . 33

Coulommiers. — Imp. Dessaint et Cⁱᵉ, 41 rue de Melun.